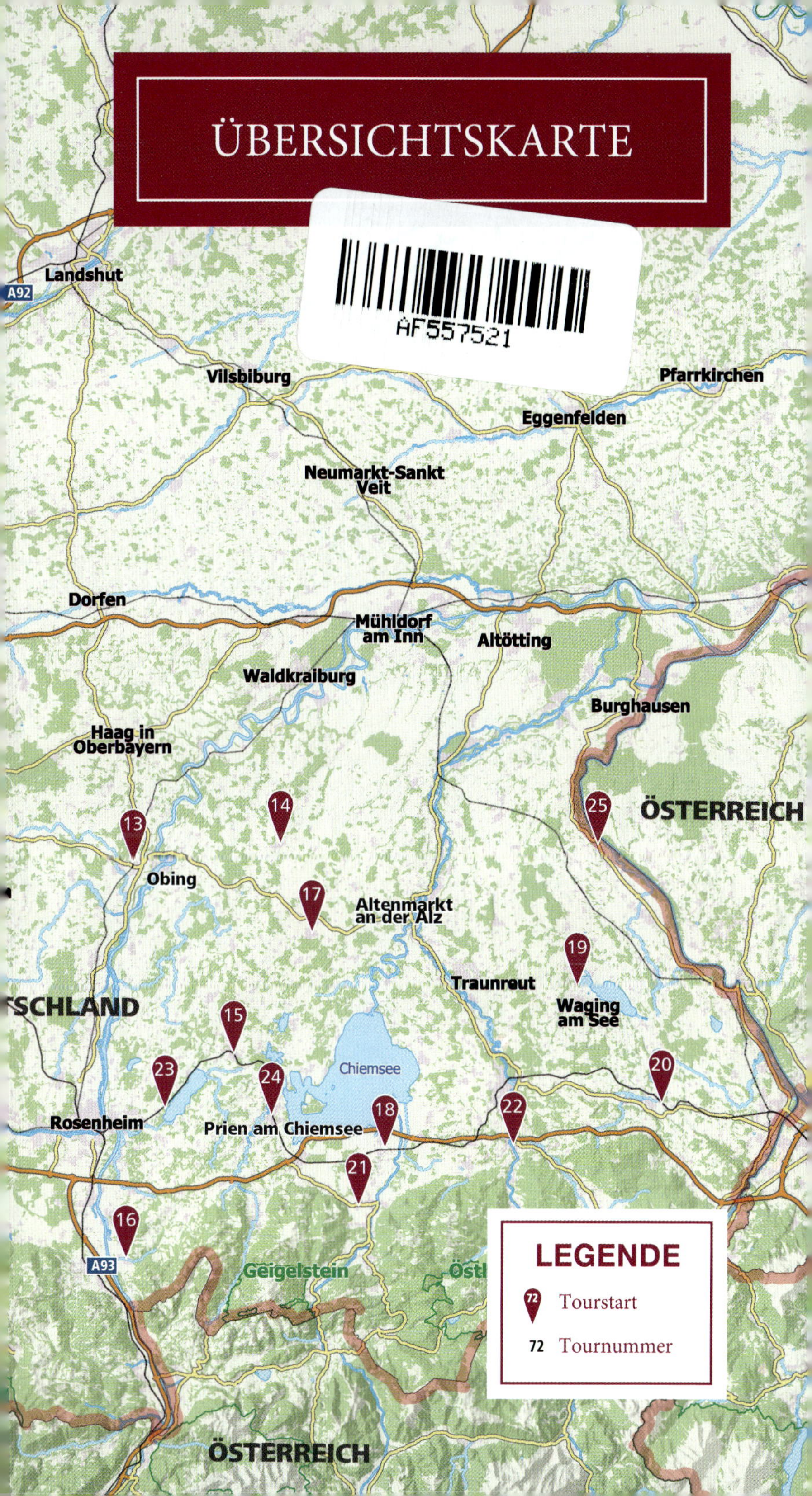
ÜBERSICHTSKARTE
AF557521
Landshut
A92
Vilsbiburg
Pfarrkirchen
Eggenfelden
Neumarkt-Sankt Veit
Dorfen
Mühldorf am Inn
Altötting
Waldkraiburg
Burghausen
Haag in Oberbayern
14
25
13
ÖSTERREICH
Obing
17
Altenmarkt an der Alz
19
Traunreut
SCHLAND
15
Waging am See
Chiemsee
23
24
20
18
22
Rosenheim
Prien am Chiemsee
21
16
A93
Geigelstein
LEGENDE
Tourstart
72 Tournummer
ÖSTERREICH

WISSENSWERT - PRAKTISCH

Tourenplanung

Ohne große Erfahrung plant man am Anfang besser eher kürzere Touren. Wenn man sein Konditionslevel nicht kennt, ist es hilfreich, vorab mit beladenem Tourenrad eine Testfahrt zu unternehmen. Dabei sollte man möglichst ohne große Anstrengung fahren, da es auf die Ausdauer und nicht auf die Geschwindigkeit ankommt. So wird schnell klar, bei welcher durchschnittlichen Tageskilometer-Leistung die eigene Komfortzone liegt und was die Stärken und Schwächen des Rades und der Sitzposition sind. Des Weiteren gilt es, regelmäßig Pausen einzuplanen und nicht vergessen sich zu verpflegen.

Wie viele Kilometer schafft man? Pauschal kann dies nicht beantwortet werden, da zu viele Faktoren eine Rolle spielen wie u.a. die eigene Kondition, das Gepäck, die zu überwindenden Höhenmeter oder auch das Wetter. Starker Gegenwind kann die Durchschnittsgeschwindigkeit halbieren. Mit dem E-Bike kann die Distanz schnell um 20–30 % oder sogar 50 % und mehr gesteigert werden. Die nachfolgende Auflistung zeigt Erfahrungswerte, also Tages-Distanzen in Abhängigkeit vom Konditionslevel für Radtouren in ebenem bis mäßig hügeligem Gelände und dient der groben Orientierung:

< 30 km	relativ einfach (Anfänger und Etappen mit Kindern)
30–40 km	gemütlich (häufige Pausen und größere Gruppen)
40–50 km	durchschnittlich (ab 50 km sind Sportliche gut dabei)
50–80 km	erhöhte Kondition (nach Training gut machbar)
80–120 km	gute Kondition (mit viel Gepäck benötigt man für 120 km den ganzen Tag)
> 120 km	sehr gute Kondition

Anreise mit dem Zug

Umweltfreundlich, mit Freunden als Gruppe und ohne Stau. Mit genügend Vorlaufzeit und Planung gelingt die An- und Abreise mit dem Zug problemlos. Die Frage, wie man nach der Radtour das am Start abgestellte Auto erreicht, stellt sich erst gar nicht. Informationen bieten die folgenden Adressen.

Die Fahrradmitnahme kann je nach Anbieter und Verbindung variieren und sollte vorab geprüft werden.

Alle Informationen über die Mitnahme des Fahrrads bei der Deutschen Bahn:
www.bahn.de

Informationen über die Fahrradmitnahme in den Zügen der Österreichischen Bundesbahnen:
www.oebb.at

Fahrradlust Oberbayern

25 Traumtouren

für Pedalritter und E-Bike-Entdecker

GPS-Daten zum Download

www.kompass.de/gps

Kostenloser Download der GPS-Daten der im Fahrradbuch enthaltenen Fahrradtouren.

INHALT

TOURENÜBERSICHT

ALL DAS MACHT MIR
Fahrradlust

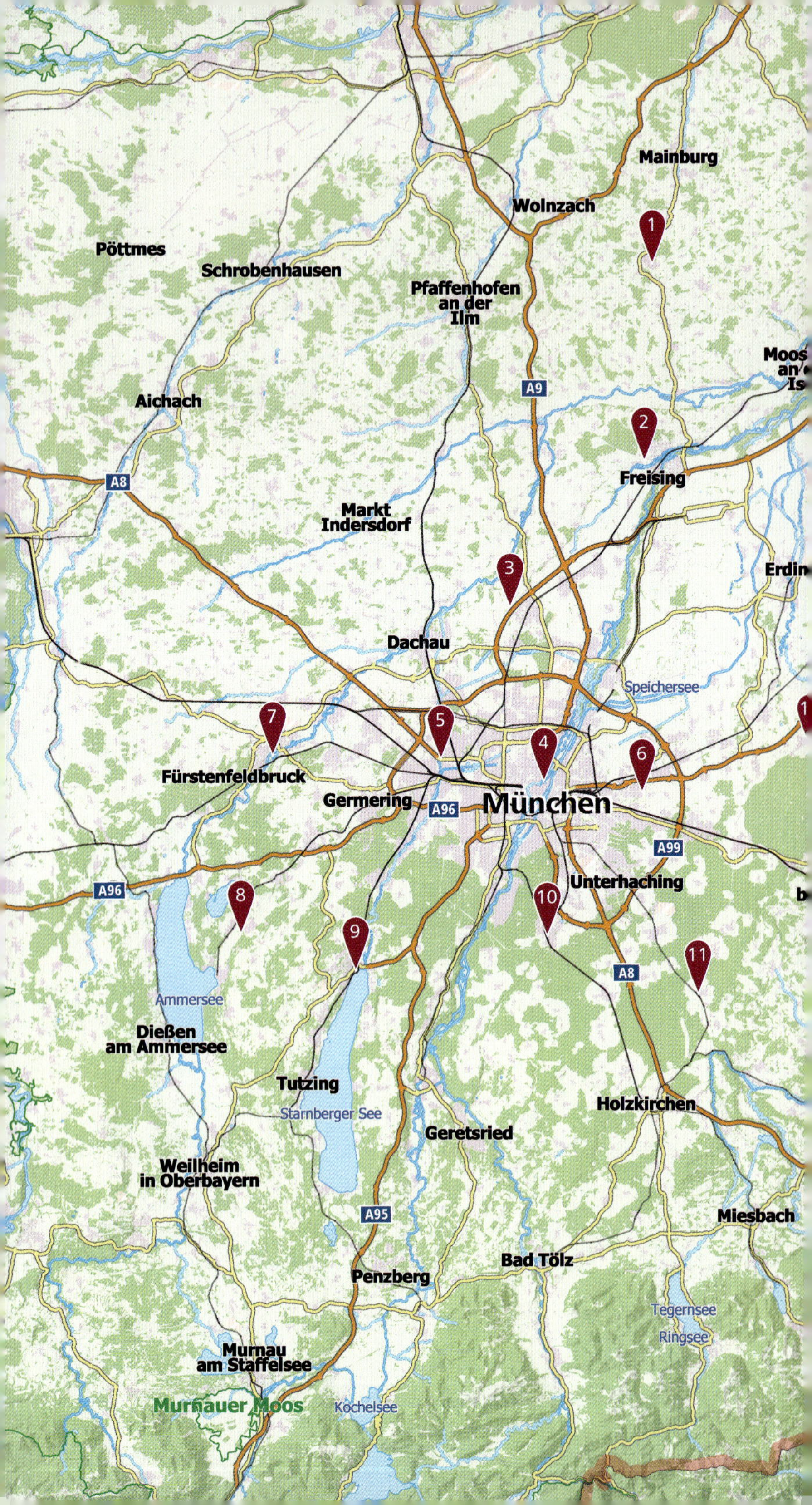

Mainburg
Wolnzach
1
Pöttmes
Schrobenhausen
Pfaffenhofen an der Ilm
A9
Aichach
2
Freising
A8
Markt Indersdorf
3
Dachau
Speichersee
7
5
4
6
Fürstenfeldbruck
Germering
A96
München
A99
A96
Unterhaching
8
10
9
11
A8
Ammersee
Dießen am Ammersee
Tutzing
Starnberger See
Holzkirchen
Geretsried
Weilheim in Oberbayern
A95
Miesbach
Bad Tölz
Penzberg
Tegernsee
Ringsee
Murnau am Staffelsee
Murnauer Moos
Kochelsee

Notruf

Über die kostenlose Telefonnummer 112 erreichst Du in ganz Deutschland automatisch die nächstgelegene Rettungsleitstelle und kannst dort Unfälle, medizinische Notfälle oder Feuer melden – und zwar sowohl aus dem Fest- als auch aus jedem Mobilfunknetz. Wenn Du die 112 wählst, ist für die Rettungskräfte sehr wichtig, dass Du den Notfall knapp und präzise beschreibst. Dabei können Dir die sogenannten W-Fragen helfen:

- Wo ist der Notfall/Unfall passiert?
- Was ist geschehen?
- Wie viele Verletzte gibt es?
- Welche Art der Verletzung?

Wettervorhersage

Deutscher Wetterdienst
www.dwd.de
Wetter im Internet
www.wetteronline.de
www.wetter24.de
www.tagesschau.de/wetter/deutschland
www.wetter.com
www.wetter.tv/de-DE

VORBEREITUNG

Tipps vom Experten

Die Profis von Diamant blicken auf eine über 135-jährige Geschichte zurück. Für uns haben sie das Wichtigste zusammengeschrieben, damit die Fahrradtour gelingt.

Checkliste vor jeder Fahrt:

- Lenker und Vorbau kontrollieren
- Laufräder prüfen (Reifendruck, Befestigung etc.)
- Bremsen testen (Bremsbelag, Scheiben, Felgen etc.)
- Kettenspannung überprüfen
- Sattel (Sitz) und Sattelstütze kontrollieren
- Federung prüfen und Wartungsintervall checken
- Beleuchtung und Reflektoren sicherstellen
- Rahmen und Gabel begutachten
- Akku beim Elektrorad prüfen
- Pannenset & Kompatibilität kontrollieren

Die Länge einer Tour hängt von vielen Faktoren ab. Insbesondere von der eigenen Kondition, der Motivation, den Wetter- und Wegebedingungen und natürlich auch von den Wegbegleitern. Greift man auf ein Elektrorad zurück, sind weitere Faktoren zu beachten. Es ist sowohl vor Antritt als auch während einer Fahrt schwierig, die Reichweite der Akkuladung exakt vorherzusagen. Allgemein gilt jedoch:

Bei gleichem Unterstützungslevel des E-Bike-Antriebs: Je weniger Kraft du einsetzen musst, um eine bestimmte Geschwindigkeit zu erreichen (z.B. durch optimales Benutzen der Schaltung), umso weniger Energie wird der Antrieb verbrauchen und umso größer wird die Reichweite einer Akkuladung sein. Je höher der Unterstützungslevel bei ansonsten gleichen Bedingungen gewählt wird, umso geringer ist die Reichweite.

Spezielles zum Elektrorad

- Ganz wichtig: Mach dir bewusst, dass andere Verkehrsteilnehmer womöglich nicht damit rechnen, dass ein Elektrorad schneller fahren kann als ein herkömmliches Fahrrad. Außerdem erhöht eine schnellere Geschwindigkeit das Unfallrisiko.
- Überlaste den hinteren Gepäckträger nicht. Die maximal erlaubte Zuladung des hinteren Gepäckträgers beträgt in der Regel 20–25 kg.
- Reinige das E-Bike niemals mit einem Hochdruckreiniger. Die elektrischen Komponenten sind feuchtigkeitsempfindlich. Unter Hochdruck auftreffendes Wasser kann in Steckverbindungen und andere Teile des Elektrosystems eindringen.
- Akku vor längerer Nichtbenutzung auf bis etwa 60 % aufladen (normalerweise 3 bis 4 LEDs der Ladezustandsanzeige). Nach 6 Monaten den Ladezustand prüfen. Leuchtet nur noch eine LED der Ladezustandsanzeige, Akku wieder auf bis etwa 60 % aufladen.
- Es ist nicht empfehlenswert, den Akku dauerhaft am Ladegerät angeschlossen zu lassen.
- Wird der Akku längere Zeit in leerem Zustand aufbewahrt, kann er trotz der geringen Selbstentladung beschädigt und die Speicherkapazität stark verringert werden.

PRAKTISCH

Eingepackt

Was muss mit? Die Packliste hilft bei dieser Frage. Individuelle Anpassungen sind erforderlich, da jede Radreise einzigartig ist. Beutel und Packsäcke sorgen für Ordnung in den Packtaschen.

NAVIGATION

- Kartenmaterial, Radreiseführer
- Handy (Ladekabel, Akkus)
- GPS-Fahrradcomputer (Ladekabel, Akkus prüfen)

ALLGEMEINES

- Ausweise, Papiere, Telefonnummern
- Reisedokumente
- Bargeld, EC-Karte, Kreditkarte
- Stift & Notizbuch
- Stirnlampe/Taschenlampe (Ladekabel, Akkus prüfen)
- Wasserdichte Schutzhüllen f. Handy und Wertsachen
- Powerbank (mobile Stromversorgung)

FAHRRADSPEZIFISCH

- Tacho/Fahrradcomputer
- Getränkeflasche/Schlauch-Trinksystem
- Fahrradlicht vorne & hinten
- Fahrradwerkzeug für Standardreparaturen & Flickzeug
- Ersatzschlauch & Reifenheber
- Luftpumpe, Lappen
- Schloss
- E-Bike-Ladegerät nicht vergessen!

NOTIZEN

KLEIDUNG & SCHUTZ

- Tages- & Wechselkleidung
- Gepolsterte Radunterhose
- Leichte Isolationsjacke
- Regenjacke und Regenhose
- Eventuell Badezeug
- Radtourenschuhe
- Wechselschuhe oder Sandalen
- Sport-, Sonnenbrille (bruchsicher)
- Helm
- Unterhelmstirnband/-mütze
- Schlauchtuch/Buff
- Fahrradhandschuhe

REISEAPOTHEKE

- Erste-Hilfe-Set (ergänzt um pers. Medikamente)
- Desinfektionsmittel, Mundschutz, Seife
- Pflaster/Stretchverband
- Sonnen- & Insektenschutz
- Augentropfen
- Ohrstöpsel

SONSTIGES

- Ersatzbrille
- Fotoapparat (Speicherkarte & Akkus prüfen)
- Unterhaltung: Buch, Spielkarten, Zeitschrift …
- Kopfhörer
- Feuerzeug & Taschenmesser (optimal mit Schere)
- Spülmittel, Schwamm und Geschirrtuch
- Campingausrüstung (falls erforderlich)
- Geschirr & Besteck

Die oberbayerische Szenerie lädt ein und wir folgen der Einladung.

TOUREN 01 – 25
Beschreibungen
KARTEN
LEGENDE
Start = Ziel
Ziel
Richtung
Wegverlauf

Die schönsten Kilometer ab

1 HALLERTAU

Start/Ziel

MARKTPLATZ AU I.D.HALLERTAU

Rundtour

46,2 Kilometer

242 Höhenmeter

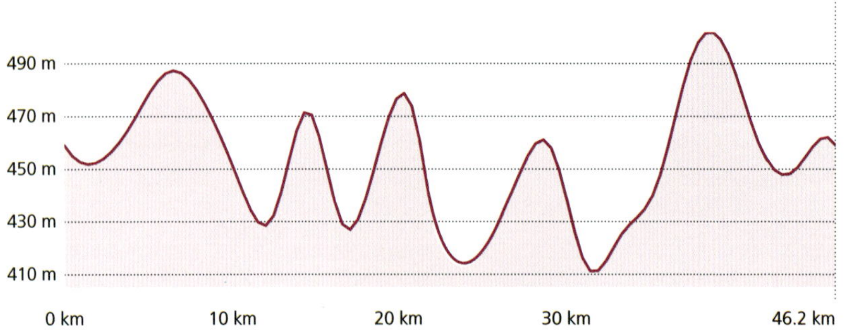

Hopfen am Wegesrand.

Von Ende Juli bis in den September, wenn die Hopfenreben meterhoch in den Himmel ragen, stehen die Hopfengärten in voller Pracht. Unsere Tagestour führt durch das sehr hügelige Hopfenland Hallertau zum großen Teil auf asphaltierten Sträßchen von Au i.d.Hallertau nach Wolnzach und zurück zum Auer Schloss.

Die Tour führt durch eine wunderschöne aber sehr hügelige Landschaft mit oft wechselnden Straßen und Wegbeschaffenheiten. Neben einer guten Kondition ist die Mitnahme einer Badehose von Vorteil. Eine E-Bike-Ladestation findet sich am Deutschen Hopfenmuseum.

Treffpunkt Marktplatz Au i.d.Hallertau neben dem Rathaus. Hier werden wir unsere Rundtour auch beenden. Bevor wir nun durch das Hopfenland radeln, sollten wir mal kurz zur Schlossbrauerei und beim Schloss Au vorbeischauen. Im Jagdsaal von Schloss Au (Schlossbräugasse 2, 84072 Au-Hallertau, www.auerbier.de) gibt es eine riesige Sammlung von Jagdtrophäen zu sehen. Besichtigung nur nach Anmeldung. Im alten Sudhaus sind dank der Sammelleidenschaft des Schlossherrn Eugen Beck von Peccoz alle Wände mit emaillierten Werbeschildern aus früheren Zeiten dekoriert. Besichtigung zu den Öffnungszeiten des Schlossbräukellers (Mo 16–22

Das Auer Schloss.

Uhr, Di–So 11–22 Uhr, Schloßbräugasse 2, 84072 Au in der Hallertau, www.schlossbraeukeller.de).

Gegenüber dem Rathaus starten wir durch die Schlesische Straße zur Hochfeldstraße. Über die Richard-Strauß-Straße und Schießstattstraße gelangen wir zur Pfaffenhofer Straße. Wir biegen links ein und radeln gleich rechts auf der schmalen Straße Richtung Osseltshausen. Rechts im Haus wird Wanderreiten durch die Hallertau angeboten. Hopfenland Cowboy (Mo–So 9–19 Uhr, Pfaffenhofener Str. 50, 84072 Au in der Hallertau, www.wanderreiten-hopfenlandcowboy.de). Vielleicht sollten wir das Sportgerät tauschen.

Aber bleiben wir lieber beim Radfahren und kommen gewiss nach Osseltshausen. Vor dem Dorf strebt der Hopfen in die Höhe. Im Dorf nehmen wir auf der Terrasse des Holledauer Wirtshauses (So + Feiertags, 11.30–14 Uhr, Schäfflerstr. 29a, 84072 Osseltshausen, www.holledauer-wirtshaus.de) Platz und genießen den Blick über die Hopfengärten. Der kurze Weg dorthin lohnt sich allemal. Sonst biegen wir aber bereits am Dorfanfang links ab und folgen der Talstraße über Gschwend nach Geroldshausen. Auf der Gschwendner Straße kommen wir zur Hauptstraße, biegen rechts ein und radeln durch das Dorf bis zum Abzweig zur Kirche. Den Kirchberg hoch zur Kirche St. Martin und hinunter an

Highlights
am Wegesrand

Auer Schloss
Im Herzen von Au liegt das Schloss mit einer riesigen Sammlung von Jagdtrophäen. Freiherr Eugen Beck von Peccoz, Sammler aus Leidenschaft, hat zudem im Sudhaus der Schlossbrauerei die Wände mit emaillierten Werbeschildern aus früheren Zeiten dekoriert. Noch mehr erfahren wir während einer Brauereiführung.

Hopfenblüten
Das Holledauer Wirtshaus hat eine tolle Terrasse mit super Aussicht auf die Hopfengärten. Wir besuchen es im Frühjahr, da finde ich es besonders schön. Die ersten Wurzeltriebe des Hopfens, der Hopfenspargel, gelten als regionale Delikatesse, die es nur von Mitte März bis Mitte April gibt.

Bier
Als Bierfreund muss man ins Deutsche Hopfenmuseum gehen. Das Haus sieht aus wie ein Hopfengarten, modern mit einer Ausstellung, die alle Facetten der Hopfenwelt zeigt, die Pflanze, die Geschichte, die Personen, der Handel, die Berufe. Zum Schluss nehmen wir noch eine Bierverkostung mit.

die Kreisstraße. Dort rechts einbiegen und gleich links auf den Fahrweg über Abeltshausen nach Kemnathen radeln. An der Wegkapelle schwenken wir links ein auf die Straße nach Eschelbach an der Ilm. Die Dorfstraße führt bis zur Turmstraße. Rechts oben erhebt sich die Brandkapelle.

Die Turmstraße führt hinauf nach Schermbach. Dort schwenken wir links ein und radeln am Waldrand entlang über Edenthal auf den Schlickerberg. Dort stoßen wir auf den Hallertauer Lehrpfad. Auf Schautafeln wird die Hallertauer Kulturlandschaft beschrieben. An der Staatsstraße kurz nach links einbiegen und dann rechts zur Kompostieranlage. Dahinter fahren wir rechts hinab nach Gosseltshausen. Wir steuern auf die Pfarrkirche Mariä Heimsuchung zu. Die fantastischen Deckenfresken der Saalkirche und die prächtigen Altäre schauen wir uns einmal an.

Das Deutsche Hopfenmuseum.

Vor der Bahnlinie halten wir uns links, am Bahnübergang rechts durch Sterzhausen bis zur Hofmarkstraße. Wir radeln nach rechts bis links der Fahrweg nach Niederlauterbach abzweigt. Er führt uns auf den Kastanienberg. Oben im Wald wird der Weg schmal und unbefestigt. Dann rollen wir zur Kreisstraße hinunter und biegen rechts ein, Richtung Wolnzach. An der Staatsstraße kurz rechts einbiegen und hinter der Baumreihe links. Von rechts kommt ein Fahrweg, dem wir zur Wegkreuzung folgen. Nun rechts den Weg zur Straße Sieglberg in die Stadtmitte von Wolnzach zum Deutschen Hopfenmuseum (Di–So 10–17 Uhr, Elsenheimerstraße 2, 85283 Wolnzach, www.hopfenmuseum.de, E-Bike-Ladestation). Im Haus, das aussieht wie ein Hopfengarten, schauen wir uns die wohl größte Spezialsammlung der Welt zum Thema „Hopfen" an. Damit die Sache nicht zu trocken wird, gibt es im Museum auch Bierseminare. Na dann Prost.

Am historischen Marktplatz erheben sich Rathaus und Pfarrkirche St. Laurentius. Sie ist das Glanzstück von Wolnzach, 55 Meter lang mit markanter Doppelkuppel auf dem 55 Meter

hohen Turm. Wir radeln mal weiter, die Schlossstraße hinunter an die Wolnzach zur Nepomuk Stub'n (Mi–Sa 18–22 Uhr, So 11–14 Uhr + 17.30–22 Uhr, Schloßstr. 15, 85283 Wolnzach, www.nepomuk-stubn.de). Hinter dem Restaurant führt der Radweg an der Wolnzach entlang zum Erlebnisbad (tgl. 9 - 19:30 Uhr, Hanslmühlweg 8, 85283 Wolnzach, www.wolnzach.de/schwimm-erlebnisbad).

Am Parkplatz biegen wir links ein zum Hanslmühlweg und radeln zur Auenstraße. Rechts zur Preysingstraße und hinter der Autobahn erneut rechts zur Mühlfeldstraße. Wir biegen links ein und radeln nach Jebertshausen. Hier fuhr einst die Hallertauer Bockerlbahn. Die ehemalige Bahntrasse ist jetzt ein Radweg. An der Auerbergstraße biegen wir rechts ab und gleich links auf den Bockerlbahn-Radweg. Der führt uns über Gebrontshausen nach Hüll zum Hopfenforschungszentrum. An der „Busch-Farm“ geht's rechts auf der Kreisstraße zum Abzweig nach Hagertshausen. Nach dem Weiler gelangen wir an ein asphaltiertes Sträßchen. Rechts geht's nun nach Osterwaal und wir kehren dort im Wirtshaus Spitzer (Do–So 11–23 Uhr, Lohweg 10, 84072 Au in der Hallertau, www.gasthaus-spitzer.de) ein. Zum Wirtshaus geht's Richtung Kirche, in der scharfen Linkskurve rechts in den Lohweg. Nächstes Dorf ist Enzelhausen. An der B 301 biegen wir links ein und nach der Rechtskurve rechts auf die ehemalige Bahntrasse der Bockerlbahn Richtung Au. Wo der Bockerlbahn-Radweg die Maria-Eich-Straße in Au kreuzt, biegen wir rechts ab zur Straße Klosterberg. Rechts zur Kirche St. Vitus einbiegen und wir sind zurück am Marktplatz in Au i.d.Hallertau. Zum Abschluss kehren wir nochmal ein im Gasthaus Bergsteffl in der Bürgergasse neben dem Rathaus. Der urige Biergarten gehört zu den Top Ten in der Hallertau. Gasthaus Bergsteffl (Di–Sa 10–14 Uhr + ab 16.30 Uhr, So 10–14 Uhr, + ab 17.30 Uhr, Bürgergasse 1, 84072 Au i.d.Hallertau).

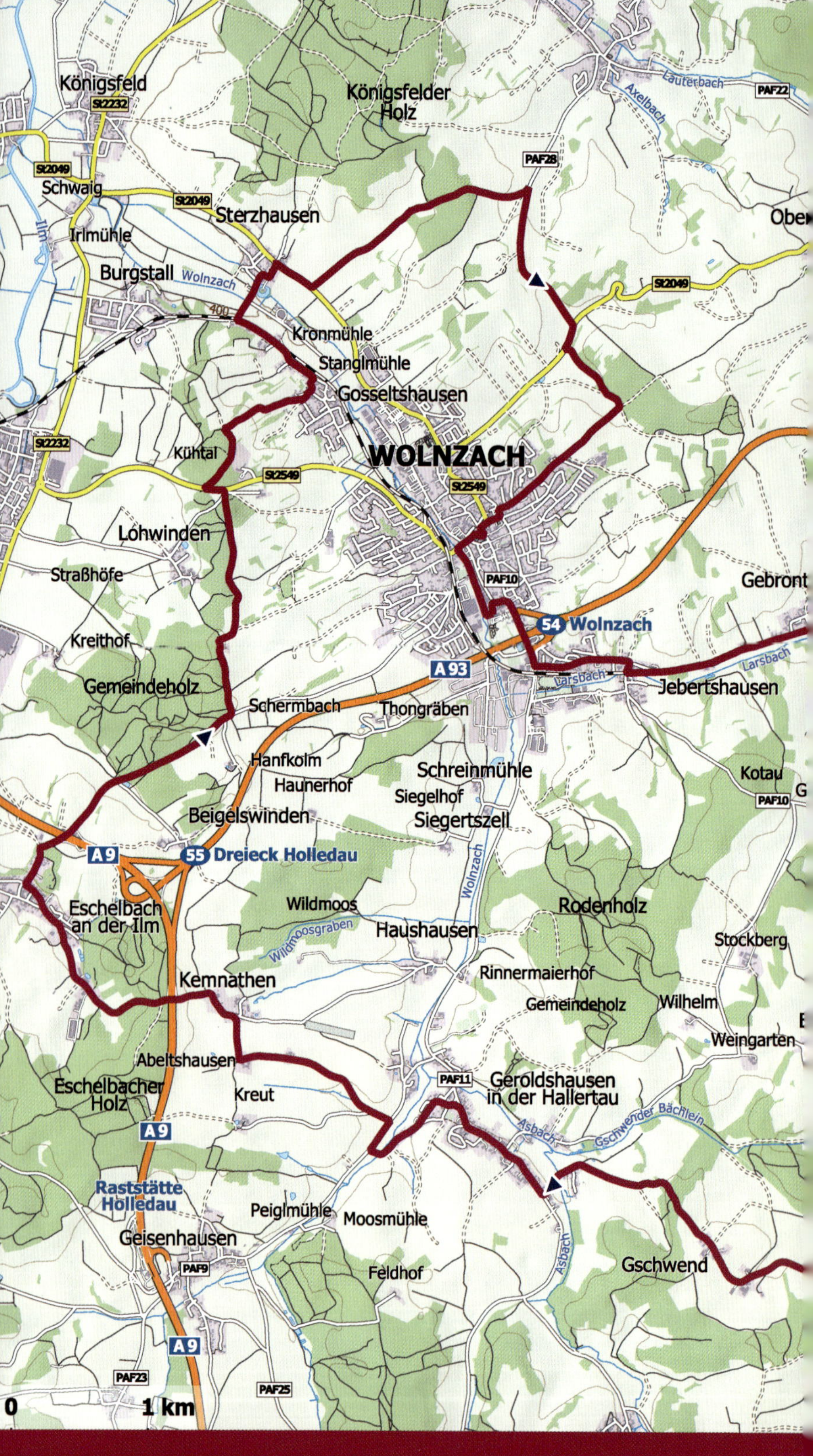
Königsfeld
St2232
Königsfelder Holz
Lauterbach
PAF22
Axelbach
PAF28
St2049
Schwaig
St2049
Sterzhausen
Ilm
Irlmühle
Ober
Burgstall
Wolnzach
St2049
400
Kronmühle
Stanglmühle
Gosseltshausen
St2232
Kühtal
WOLNZACH
St2549
St2549
Lohwinden
Straßhöfe
PAF10
Gebront
54 Wolnzach
Kreithof
A 93
Larsbach
Larsbach
Jebertshausen
Gemeindeholz
Schermbach
Thongräben
Hanfkolm
Haunerhof
Schreinmühle
Siegelhof
Kotau
PAF10
Beigelswinden
Siegertszell
A 9
55 Dreieck Holledau
Wolnzach
Eschelbach an der Ilm
Wildmoos
Rodenholz
Wildmoosgraben
Haushausen
Stockberg
Kemnathen
Rinnermaierhof
Gemeindeholz
Wilhelm
Weingarten
Abeltshausen
Eschelbacher Holz
Kreut
PAF11
Geroldshausen in der Hallertau
Gschwender Bächlein
Asbach
A 9
Raststätte Holledau
Peiglmühle
Moosmühle
Asbach
Geisenhausen
Gschwend
PAF9
Feldhof
A 9
PAF23
PAF25
0
1 km

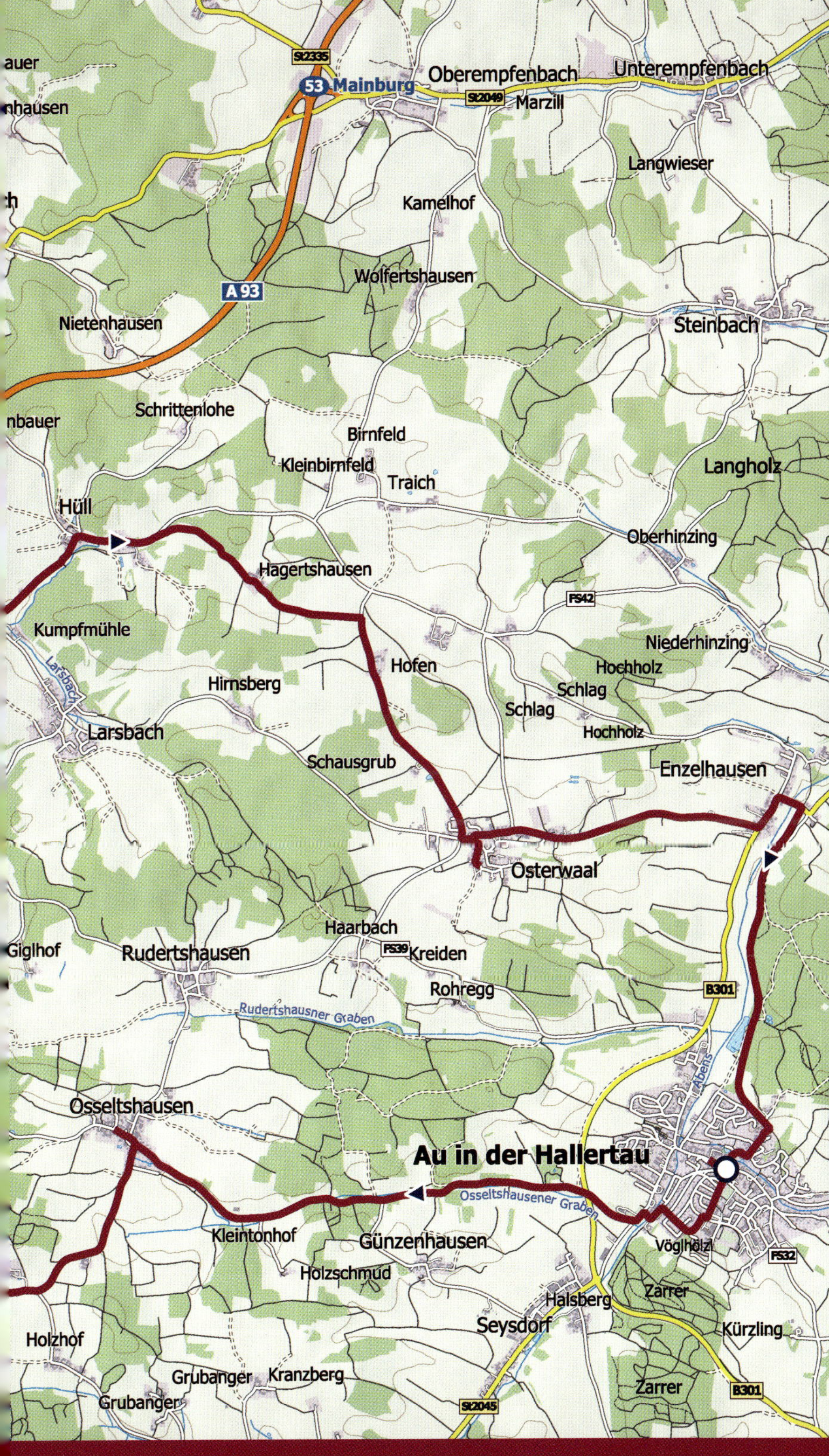
Mainburg
Oberempfenbach
Unterempfenbach
Marzill
Langwieser
Kamelhof
Wolfertshausen
A 93
Nietenhausen
Steinbach
Schrittenlohe
Birnfeld
Kleinbirnfeld
Traich
Langholz
Hüll
Oberhinzing
Hagertshausen
Kumpfmühle
Niederhinzing
Hofen
Hochholz
Schlag
Hirnsberg
Schlag
Larsbach
Hochholz
Schausgrub
Enzelhausen
Osterwaal
Haarbach
Giglhof
Rudertshausen
Kreiden
Rohregg
B301
Rudertshausner Graben
Osseltshausen
Au in der Hallertau
Osseltshausener Graben
Kleintonhof
Günzenhausen
Vöglhölzl
Holzschmud
Zarrer
Halsberg
Seysdorf
Kürzling
Holzhof
Grubanger
Kranzberg
Zarrer
Grubanger
B301

Die schönsten Kilometer durch das

2 ERDINGER MOOS

Start/Ziel

FREISING

Rundtour

45,6 Kilometer

240 Höhenmeter

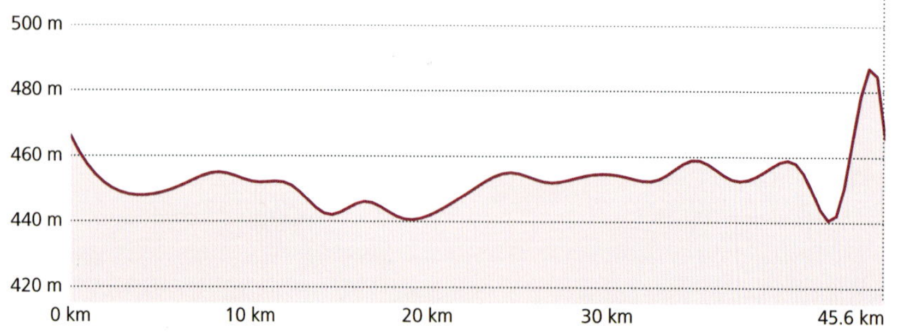

Wohnidylle an der Isar

Vom Parkplatz unterhalb des Weihenstephaner Bergs in Freising beginnt unsere Radtour durchs weite Erdinger Moos zum Aussichtshügel am Flughafen München und an der Isar entlang zurück nach Weihenstephan. Oben in der Brauerei lockt uns das Bräustüberl mit tollem Biergarten und Blick über Freising.

Eine super interessante Tour für die ganze Familie rund um den Flughafen München ohne markante Steigung aber mit wechselnden Wegbeschaffenheiten.

Ohne Fleiß kein Preis, bzw. kein Bier, auch wenn oben die Staatsbrauerei Weihenstephan auf uns wartet. Auf in den Sattel und vom Parkplatz unterm Weihenstephaner Berg in Freising links zum Dr.-Holzner-Weg radeln. Bevor ich es vergesse zu erwähnen, wir kommen hierher zurück. Am Weihenstephaner Steig biegen wir also rechts ein und gelangen an die Vöttinger Straße. Gegenüber erkennen wir den Gasthof Lerner. Im spitzen Winkel geht's links in die Bachstraße hinein und dann linkshaltend gelangen wir zum Vöttinger Weiher. Geradeaus radeln wir über das Freisinger Moos zur Straße nach Pulling. Rechter Hand steht der Vogelbeobachtungsturm, von dem wir über das Moos nach Freising blicken können.

Wir radeln nach Pulling zu den Pullinger Weihern, sind beides Badeseen,

Highlights
am Wegesrand

1040
Da erhielt der Konvent der Benediktiner auf dem Weihenstephaner Berg das Brau- und Schankrecht. Wir besichtigen die älteste Brauerei der Welt. Zum Ursprung des Bieres geht's erst durch das Brauereimuseum und anschließend durch die heiligen Hallen der Braukunst zum Sudhaus. Zum Schluss gönnen wir uns ein frisches Bier.

Erleben
Auf der Airport-Livetour gibt's den Blick hinter die Kulissen und übers Vorfeld geht's zu den Flugzeugen. Wir erleben Starts, Landungen, parkende Maschinen aus aller Welt und die vielen Prozesse während der Abfertigung. Start ist am Besucherpark.

Geschichte
Es ist nur ein kurzer Spazierweg von der Altstadt hinauf zum Domberg zum „Mons doctus". Gegenüber der ehemaligen fürstbischöflichen Residenz erhebt sich der Mariendom mit seinen zwei Türmen, der Krypta und Bestiensäule im Inneren und das Diözesanmuseum mit der weltweit größten kirchlichen Kunstsammlung nach dem Vatikan.

nach Achering. Hier steuern wir auf die Kirche zu und biegen hinter St. Peter und Paul links ab zur Hauptstraße. 100 Meter links und dann die Straße queren hinüber in die Straße Zur Isar und geradeaus geht's über die Isar. Hier erwartet uns ein schöner Blick von der Brücke zur Isar. Unter der Autobahn hindurch radeln wir nun Richtung Hallbergmoos. Bei der Bundesstraße fahren wir auf dem begleitenden Weg über die Anschlussstelle am Flughafen zur Unterführung der Bundesstraße. Wer sich das Kunstwerk „Eine Insel für die Zeit" anschauen will, biegt links ab. Ist schnell erreicht. Unser Ziel ist aber der Besucherpark mit dem Aussichtshügel am Flughafen.

Die Brauerei Weihenstephan.

Also durch die Unterführung und dann links zur Freisinger Allee radeln. Wir queren die Straße und radeln rechts auf dem begleitenden Weg zum Kreisel an der Nordallee. Weiter geht's auf dem Weg parallel zur Nordallee bis zum Parkplatz am Besucherpark (tgl. 9.30–17 Uhr, Nordallee 7, 85356 München-Flughafen, www.munich-airport.de/flughafen-erleben-90114). Vor uns erhebt sich der Aussichtshügel, der uns auf die Start- und Landebahnen und zum Vorfeld blicken lässt. Daneben stehen einige historische Flugzeuge. Näher am Geschehen sind wir an der Aussichts- und Besucherterrasse im Terminal Zwei des internationalen Flughafen München (Nordallee 25, 85326 München, www.munich-airport.de). Oder wir buchen gleich eine Airport-Tour. Vom Besucherpark führt unser Weg unter der Zentralallee durch, hinauf zur Brücke und an der Straße dem Terminal Eins und Zwei entlang. Vom Kreisverkehr am Ende des Flughafens führt der Weg noch ein Stück geradeaus und biegt dann rechts als Freisinger Straße nach Schwaig ab. Hier gibt es eventuell eine Umleitung wegen der Bauarbeiten am Erdinger Ringschluss.

Der Besucherpark des Münchner Flughafens.

Wir stoßen auf die Lohstraße, die in Schwaig zur Freisinger Straße wird. Hier heizt die Pizzeria Il Casale (Mo–Fr 11.30–14 Uhr + 17.30–22.30 Uhr, Sa + So 17.30–22.30 Uhr, Freisinger Str. 59, 85445 Oberding, www.il-casale-schwaig.de) den Pizzaofen ein. An der Schulstraße biegen wir ein, radeln über die Gfällach und folgen der Möslstraße rechts zur Sportanlage von Oberding. Dort nun rechts einbiegen und an der Brücke über der Altach rechts auf der Eger-Straße in die fantastische Landschaft des Erdinger Mooses hinausradeln. Am Straßenende führt die asphaltierte Straße links zu den Häusern Mooshanns. Wir sind an der Ferstl-Straße angekommen und wenden uns nach rechts zum Gut Wildschwaige (Ferstl-Str. 15, 85445 Ober-dingermoos, www.reitstall-werchau.de), der Reitstall im Moos. Wir sehen Pferde auf der Koppel und Honigbienen zur Imkerei fliegen. Geradeaus kommen wir nach Birkeneck, Teil der Gemeinde Hallbergmoos. Wir kommen an der Gaststätte Zum Kramer (Mo–Fr 11–14 Uhr + 17–23 Uhr, Theresienstraße 2, 85399 Hallbergmoos, www.zum-kramer.de) vorüber. Gestärkt geht's durch die Ludwigstraße zu einem Kreisverkehr, den wir gegenüber wieder verlassen. Am Rande des Gewerbegebietes von Hallbergmoos fahren zur Unterführung der Bundesstraße bei Brandau. Weiter schnurgerade über die S-Bahngleise, links liegt die Pferdeklinik München Airport, und wieder unter der Autobahn hindurch zur Brücke an der Isar.

Jetzt schließen wir uns dem Isarradweg an und folgen der Isar abwärts. Stromschnellen und kleine Wasserfälle begleiten uns. Bald macht unser Weg eine Rechtskurve und führt uns über einen Hochwasserdamm und einen Bach in

die Obere Isar Aue. Links geht's durch lichten Wald am Bach entlang an den Abzweig zum Pförrerhof. Wir bleiben auf unserer Bachseite, fahren später um einen Damm zum Hochwasserschutz herum, unter der Straßenbrücke hindurch, hier ein Blick nach links zum Isarstrand auf einer Kiesbank, nach Freising-Lerchenfeld.

An der Korbinianbrücke stoßen wir auf Die Essbar (Mo–Do 11.30–24 Uhr, Fr 11.30–1 Uhr, Sa 14.30–1 Uhr, So 14.30–23 Uhr, Erdinger Str. 27b, Freising, 85356, www.die-essbar.de), ein Ort zum Verweilen. Den Blick hinauf zum Domberg und Mariendom (Öffnungszeiten im Sommer Mo–Fr 7–18 Uhr, Do 14–18 Uhr, Sa, So und an Feiertagen 8–18 Uhr, Domberg 27, 85354 Freising, www.freisinger-dom.de/index.php?id=22) radeln wir über die Brücke mit der Figur des heiligen Korbinian, dem ersten Bischof von Freising, so die Geschichte. Die links abzweigende Parkstraße bringt uns zur Ottostraße unterhalb des Dombergs. Am Fürstendamm biegen wir rechts in die Altstadt von Freising ab und gelangen zur Oberen Hauptstraße. Dort wenden wir uns nach links und radeln über die Kreuzung.

Gleich dahinter führt unser Weg links steil bergauf zum Weihenstephaner Berg, zur Staatsbrauerei Weihenstephan und zum Bräustüberl Weihenstephen (tgl. 10–23 Uhr, Weihenstephaner Berg 10, 85354 Freising, www.braeustueberl-weihenstephan.de). Es gilt als das Stammhaus der ältesten Brauerei der Welt, der Staatsbrauerei Weihenstephan. Nicht damit genug ist es auch die Geburtsstätte des Obazdn, der in bayerischen Biergärten nicht fehlen darf, der Klassiker schlechthin. Vom Bräustüberl geht's nur noch links hinunter zum Parkplatz am Weihenstephaner Berg, wo unsere Tour begann.

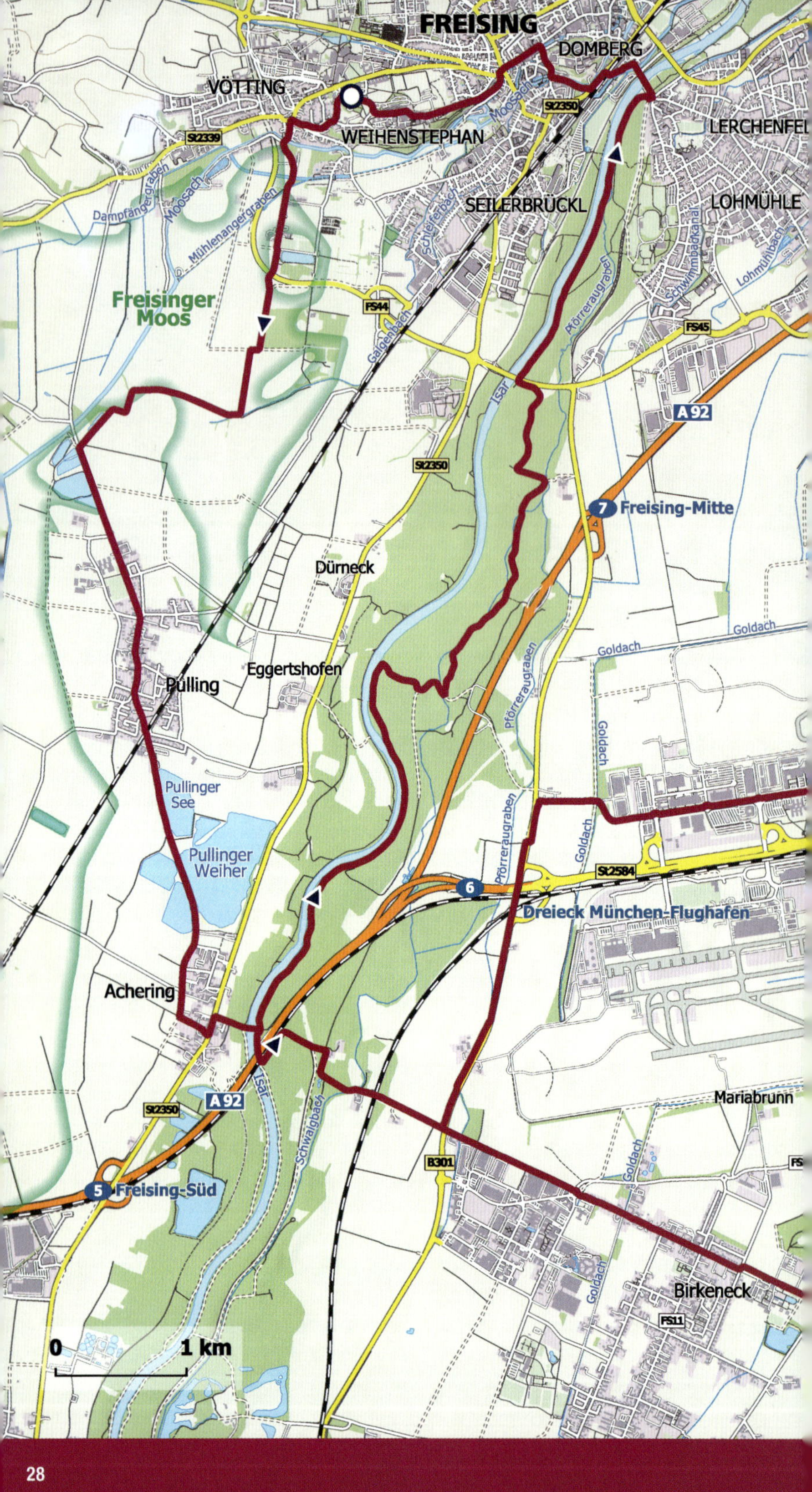

FREISING
DOMBERG
VÖTTING
WEIHENSTEPHAN
LERCHENFEL
SEILERBRÜCKL
LOHMÜHLE
St2339
St2350
Dampfängergraben
Moosach
Mühlenangergraben
Schleiferbach
Schwimmbadkanal
Lohmühlbach
Pförreraugraben
Freisinger Moos
FS44
FS45
Galgenbach
Isar
A 92
7 Freising-Mitte
Dürneck
Goldach
Eggertshofen
Pulling
Pullinger See
Pullinger Weiher
St2584
6
Dreieck München-Flughafen
Achering
Mariabrunn
A 92
Schwaigbach
B301
5 Freising-Süd
Birkeneck
FS11
0
1 km

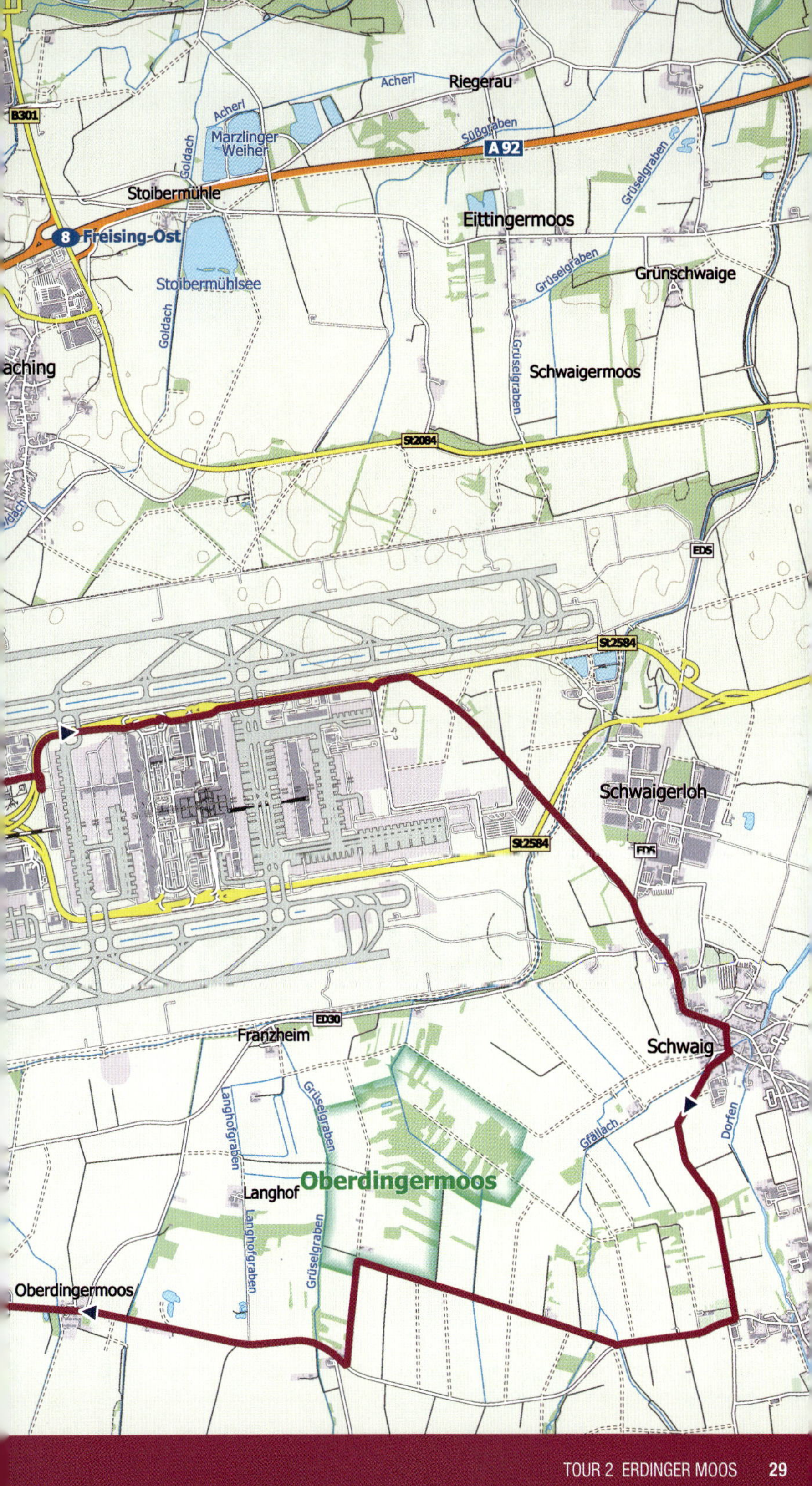
Acherl
Riegerau
B301
Acherl
Marzlinger Weiher
Süßgraben
A 92
Goldach
Grüselgraben
Stoibermühle
Eittingermoos
8 Freising-Ost
Stoibermühlsee
Grüselgraben
Grünschwaige
Goldach
Grüselgraben
aching
Schwaigermoos
St2084
ED5
St2584
Schwaigerloh
St2584
ED5
ED30
Franzheim
Schwaig
Grüselgraben
Langhofgraben
Gfällach
Dorfen
Langhof
Oberdingermoos
Langhofgraben
Grüselgraben
Oberdingermoos

Die schönsten Kilometer durch das

3 DACHAUER MOOS

Start/Ziel

UNTER-SCHLEISSHEIM

Rundtour

43,3 Kilometer

64 Höhenmeter

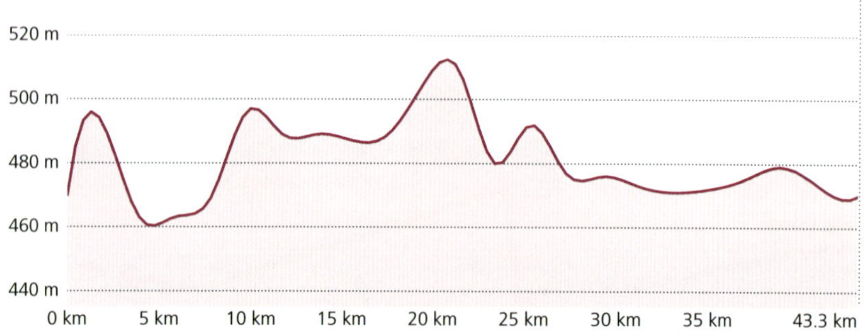

Aussicht vom Schlosspark Dachau.

Das Dachauer Moos ist potteben und landwirtschaftlich geprägt. Jenseits der Amper im Dachauer Hinterland wird es hügelig, wir radeln auf und ab bis nach Dachau. Vom Bergrücken mit Schloss und Altstadt geht's zum Schlussspurt übers Moos zum Unterschleißheimer See.

Unsere Tour kennt keine markanten Steigungen und führt mal über sandige, geschotterte Wege, mal auf asphaltierten Sträßchen ohne viel Verkehr. Eine Badehose bzw. einen Badeanzug sollten wir unbedingt dabeihaben.

Wir treffen uns in Unterschleißheim am Parkplatz neben dem See, wo wir nach der Tour zurückkehren. Hinaus geht's geradeaus über die Mooswiesen die Leiten hinauf nach Ottershausen an die Hochstraße. Links rollen wir hinunter zur Dachauer Straße. Kurz rechts einbiegen und vor der Amper links auf der Straße Hirschgangweg über die Brücke. Hier folgen wir nun der Amper aufwärts entlang ihren Windungen durch die Auenlandschaft mit den zahlreichen Altwasserarmen. Einfach schön ist es hier. Bald wendet sich der Weg von der Amper nach rechts ab. Dem Querweg folgen wir nach links und stoßen erneut auf einen Weg, der uns ein Stück der Amper näher bringt. Wir halten uns rechts und radeln nach Ampermoching.

Zunächst stoßen wir in Ampermoching auf die Indersdorfer Straße. Schräg

Highlights
am Wegesrand

Wallfahrt

Wir Wallfahren zwar nicht, streben aber dennoch hinauf zum Waldbiergarten bei der idyllischen Schlosswirtschaft Mariabrunn auf ein frisch gezapftes Bier. Die Wallfahrt zum Kirchlein Mariä Verkündigung hat ihren Ursprung in der wunderbaren Heilung des Holzhauers Schlairböck.

504 m

So hoch ist der Dachauer Schlossberg mit Schloss und Hofgarten. Vom ursprünglich viel größeren Schloss ist ein Schmuckstück übrig geblieben: der Festsaal mit der prunkvollsten Renaissance-Holzdecke Süddeutschlands. Ausblick vom Hofgarten auf die Skyline Münchens.

Leidenschaft

In der Würmmühle können wir die Kunst des Mehlmahlens kennenlernen. Einmal im Jahr zu Pfingsten gibt es den Mühlentag mit Blasmusik und Führung. Seit 1927 mahlt die Familie Kraus Mehl aus dem Getreide von Landwirten aus der Region. Im Mühlenladen duftet es wunderbar.

links gegenüber geht's zur Schulstraße. Rechts biegen wir ein und radeln hinauf aufs Bründlfeld. Spätestens jetzt merken wir, dass wir am Rand der Münchner Schotterebene angekommen sind. Oben wenden wir uns nach links und erreichen die Schlosswirtschaft Mariabrunn (Mi–Fr 17–22 Uhr, Sa + So 11–22 Uhr, Mariabrunn 3, 85244 Röhrmoos, www.schlosswirtschaft-mariabrunn.de). Neben der schönen Wallfahrtskirche sitzen wir im Waldbiergarten bei einem kühlen Radler.

Hinunter geht's mal wieder schneller als hinauf. Unten an der Straße biegen wir links ab und kommen zum genialen Klosterwirt Schönbrunn (Mi–So 10–24 Uhr, Victoria-von-Butler-Str. 2, 85244 Röhrmoos, www.klosterwirt-schoenbrunn.de). Beim Maibaum geht's hinein. In Schönbrunn gründete einst Gräfin Viktoria von Butler-Haimhausen im Schlossgut Schönbrunn eine Anstalt für Menschen mit geistiger Behinderung. Daraus entwickelte sich das heutige Franziskuswerk Schönbrunn.

Das Dachauer Schloss mit Hofgarten.

Wir fahren weiter nach Röhrmoos und biegen am Ortsanfang in die Bürgermeister-Haller-Straße ein. An der Unterweilbacher Straße geht's links hinauf nach Reipertshofen und hinab nach Unterweilbach. Wir sehen Pferde auf der Koppel und schauen am Schloss Unterweilbach vorbei, das heute Guts- und Forstverwaltung ist. Wir radeln durch das Dorf und biegen scharf rechts ab nach Oberweilbach. Dort am Tannenhof können wir zur Weihnachtszeit Christbäume selber schlagen. Ist noch etwas Zeit bis dahin. Kurz ist der Weg nach Pellheim. An der Goppertshofer Straße geht's nach rechts zum Gasthaus Liegsalz (Mi + Fr 18 Uhr, So 9.30–15 Uhr, Dorfstraße 6, 85221 Pellheim, www.gasthaus-liegsalz.de). Wir nehmen in der urig gemütlichen Stube Platz und genießen das Beisammensein.

Noch vor dem Gasthaus biegen wir in die Straße Zum Kaifeld ein und fahren nach Webling bis zur Brücke. Der Ort ist eigentlich nur der Wertstoffhof und liegt auf der anderen Seite der Bahnlinie. Also kurz rechts, über die Brücke und hinunter durch die Gebäude. Wir halten uns links und radeln beim Waldfriedhof von Dachau entlang in die Hochstraße zum Amper-Klinikum. An der Gärtnerei geht's rechts die Krankenhausstraße hinunter zur Augsburger Straße. Wir queren die platzartige Einmündung und fahren die Augsburger Straße hinauf in die Altstadt zum Schloss Dachau. Die nach rechts abzweigende Spitalgasse führt uns dann direkt an

Der malerische Unterschleißheimer See.

das Schloss, oder besser gesagt, was davon noch übrig geblieben ist: der Festsaal mit der prunkvollsten Renaissance-Holzdecke Süddeutschlands im Festsaaltrakt am Hofgarten. Ja, hier stand einst ein mächtiges vierflügeliges Schloss. Den Hofgarten zieren heute Obstbäume statt des barocken Gepräges. Wir gehen hinein und genießen seine reizvolle Lage auf einem Höhenrücken und den Panoramablick hinunter auf die Skyline Münchens.

Wir bleiben noch etwas und gehen ins Restaurant und Café Schloss Dachau (Mi–Sa 14–22 Uhr, So 12–20 Uhr, Schlossstraße 2, 85221 Dachau, www.schlossdachau.com). Es ist berühmt für seine Kuchen. Hier oben gibt es noch mehr Einkehrmöglichkeiten, wie die Schranne oder den Kochwirt (Mo–Sa 17–24 Uhr, Augsburger Str. 7, 85221 Dachau, www.beimkochwirt.de) mit seiner schönen Renaissancefassade am ehemaligen Schrannenplatz. Uns ist nach Deftigem und wir kehren ein.

Abwärts geht's durch die Konrad-Adenauer-Straße, wir queren die Mittermayerstraße und stoßen auf die Freisinger Straße. Rechts radeln wir über den Bahnübergang, dann wieder rechts auf der Erich-Ollenhauer-Straße bis hinter die Bahnbrücke. Der Weg links führt an der Bahn entlang aus Dachau hinaus. Wir treffen wieder auf die Freisinger Straße und radeln zur Alten Römerstraße, die rechts abzweigt. Parallel zur Straße geht's über die Amper durch die Würmmühle (Mo–Fr 8–17 Uhr, Sa 9–12 Uhr,

Würmmühle 1, 85221 Dachau, www.wuermmuehle.de) von Ludwig Kraus. Er ist Müller aus Leidenschaft und mahlt Korn zu bestem Mehl. In seinem Hofladen können wir die unterschiedlichsten Sorten Mehl kaufen.

Nach der Zufahrt zur Kläranlage biegt die Hebertshausener Straße ab. Wir folgen ihr zur Neufeldstraße, die uns zu den Sportanlagen von Hebertshausen führt. Es geht geradeaus zu den Kiesteichen. Wir halten uns rechts und radeln am letzten Kiesteich entlang an die Moosstraße. Übers weite Dachauer Moos mit seinen Baumreihen geht's zum Mooshäusl. Der Imbiss mit kleinem Biergarten am See lädt zum Verweilen ein. Nochmal die Füße hochlegen und die schöne Kapelle anschauen.

Geradeaus zur Kurve und geradeaus nach Badersfeld. Am Feuerwehrhaus biegen wir links ab in die Baderstraße nach Riedmoos. Zum Hirschdamm heißt die Straße, die uns von den Sportanlagen zur Minigolfanlage Riedmoos bringt. Weiter geht's geradeaus bis an das Ende der Würmbachstraße am Fischhof Riedmoos. Der Weg rechts führt entlang einer schönen Baumreihe Richtung Autobahn, macht dort eine Kurve und schon sind wir am Unterschleißheimer See zurück am Parkplatz neben dem See beim Restaurant Seeseits (Di–So 12–22 Uhr, Furtweg 92, 85716 Unterschleißheim, www.seeseits.de). Einkehren, erholen und den Abend im Biergarten mit Sonnenuntergang über dem See genießen.

Röhrmoos
Schillhofen
Lotzbach
Lotzbach
Schönb
Mariab
Arzbach
Purtlhof
Reipertshofen
Viehhausen
Oberweilbach
Unterweilbach
Sietenbach
Sietenbach
Pellheim
Goppertshofen
Walpertshofen
Hebertshausen
Prittlbach
Prittlbach
Prittlbach
Ampertal
Amper
Würmmühlweiher
Eisingertshofen
Steinkirchen
ETZENHAUSEN
Webelsbach
Webling
Pollnbach
Würm
Mühlbach
Pollnbach
Amper
Mühlbach
DACHAU
0
1 km
DAH3
St2047
St2339
St2047
St2063

Gänsstall
DAH4
DAH3
Amperpettenbach
Laffgraben
Laffgraben
Sulzrain
Lotzbach
DAH3
Haimhausen
Amper
Mühlbach
Lotzbach
Heiglweiher
DAH4
Lotzbach
Ottershausen
Ampertal
Ampermoching
Amper
St2339
Kaltmühle
Kalterbach
Hackenhof
Unterschleißheim
Schwebelbach
Bergbach
Riedmoos
A 92
Kalterbach
Hackermoos
Oberschleißheim
Gänsgraben
Badersfeld

Im Englischen Garten Münchens herrscht buntes Treiben.

Die schönsten Kilometer durch

4 MÜNCHEN

Start/Ziel

ENGLISCHER GARTEN

Rundtour

25,7 Kilometer

160 Höhenmeter

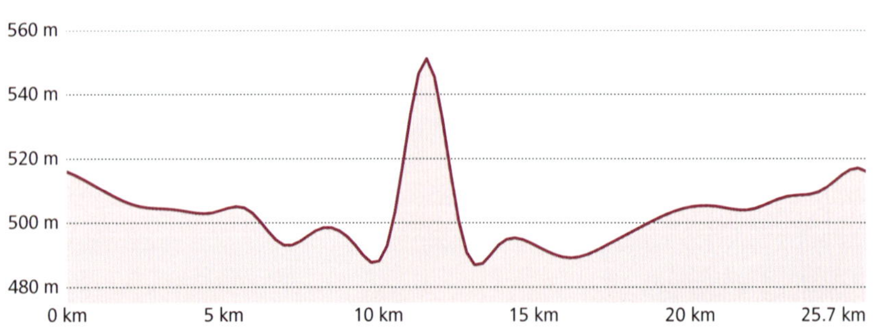

Der Englische Garten im Herbst.

Prinzregentenstraße 1. Das ist die Adresse vom Haus der Kunst und die des Nachtclubs P1. Dort haben wir die perfekte Möglichkeit, den Abend zum Rauschen des Eisbachs ausklingen zu lassen. Aber jetzt rufen uns erst einmal der Englische Garten und der Fröttmaninger Berg.

Die Tour durch den Englischen Garten, die Hirschau und die Obere Isarau ist ideal für sonnige Tage. Die eher sportliche Strecke führt teilweise über losen Untergrund. Steil geht's hinauf auf den Fröttmaninger Berg. Biergärten und Wirtshäuser laden uns immer wieder zur Einkehr ein.

Wir starten am Parkplatz hinter dem Haus der Kunst, auf dem Weg, der über den Schwabinger Bach führt. Über den Bach kommen wir nach der Rundtour auch wieder zurück. Gleich rechts auf der kleinen Insel im Bach steht das Japanische Teehaus. Im Monat Juli ist hier Japanfest, da wird in bunten Manga-Kostümen zu fernöstlicher Musik getanzt und fernöstlicher Kampfsport gezeigt. Schon rückt der Monopteros ins Blickfeld, der Nachbau eines griechischen Rundtempels, und der 25 Meter hohe Chinesische Turm (bei Biergartenwetter Mo–Fr 11–23 Uhr, Sa, So, Feiertag 10–23 Uhr, Englischer Garten 3, 80538 München, www.chinaturm.de), das Wahrzeichen im Englischen Garten, ragt vor uns aus den Baumwipfeln. Hier trifft sich München mit dem Rest der Welt im riesigen Biergarten. In einem

Highlights
am Wegesrand

Rumhängen
Die Eisbachwelle ist der Hotspot für Surfer, Zuschauer und Fotografen in München. Gleich hinter dem Haus der Kunst wagen sich absolute Profisurfer wie der Weltmeister Robby Naish auf die Welle. Aber keine Sorge, auch zum Rumhängen ist der Spot ideal.

75 m
So viele Höhenmeter überwinden wir auf der steilen Auffahrt zu einem der spcktakulärsten Aussichtspunkte Münchens beim Windrad am Fröttmaninger Berg. Dieser Ausblick über die Skyline belohnt jedes Strampeln oder Schieben!

Km 1
Er ist nicht zu übersehen, der Chinesische Turm im Englischen Garten. Wir treffen uns, um den sommerlichen Feierabend bei Blasmusik zu genießen. Hier darf man die mitgebrachte Brotzeit verzehren. Einmal im Jahr strömen ab 6 Uhr morgens Hunderte Männer und Frauen zum Kocherlball an den Turm und tanzen Volkstänze.

rechten Bogen gelangen wir zum Kleinhesseloher See und zum Restaurant Seehaus. Das Seehaus gehört zu den gastronomischen Hotspots Münchens. Wer Lust verspürt, kann im Boot über das ruhige Wasser gleiten und so richtig die Seele baumeln lassen.

Weiter geht unsere Fahrt unter dem „Mittleren Ring" durch zur Hirschau. Linker Hand liegt der eher gemütliche Biergarten Hirschau (Mo–Sa, 12–23 Uhr, So, Feiertag 11–23 Uhr, Gyßlingstr. 15, 80805 München, www.hirschau-muenchen.de). Der ist eher was für Radler. Auf der Gyßlingstraße radeln wir daran vorbei und halten uns dann rechts an das Ufer der Isar zum Oberföhringer Wehr. Hier zweigt der Isarkanal ab, der zum Speichersee fließt. Einmal quer durch den Nordteil des Englischen Gartens landen wir fast automatisch am Schwabinger Bach. Bis dahin aber schön auf dem Hauptweg bleiben. Aufgepasst – eventuell zieht wieder die Schafherde durch den Englischen Garten. Jährlich in der ersten Maiwoche wandern an die 450 Schafe

Surfer am Eisbach.

von Daglfing Richtung München. Der Auftrag der Schafe: „Mähen".

Bei bayerischen Spezialitäten lässt es sich beim Aumeister (Mo–Sa ab 12 Uhr, So, Feiertag ab 11 Uhr, Sondermeierstraße 1, 80939 München, www.aumeister.de) unter Schatten spendenden Kastanienbäumen bestens aushalten. Neben dem Aumeister hat der Tennisclub MTTC Iphitos seine Tennisanlage, auf der die BMW Open ausgetragen werden. Da kann es beim Aumeister schon mal voll sein. Wir können uns die Einkehr aber auch für den Rückweg aufheben, wenn wir hier wieder vorbeikommen. Am Biergarten beginnt die Sondermeierstraße, die uns unter der Straßen- und Eisenbahnbrücke durch an die Fernsehstudios des Bayerischen Rundfunks führt. An der Kreuzung mit der Floriansmühlstraße schwenken wir rechts ab und folgen dem Schwabinger Bach in das Waldgebiet der Oberen Isarau. An der Brücke, über dem meist trockenen Kanal des Klärwerkes, biegen wir links ab und nach der Rechtskurve des Weges wieder links in die Freisinger Landstraße.

Rechts oben sehen wir schon das Windrad auf dem Fröttmaninger Berg. Da geht unser Ride steil hinauf. Also schon mal darauf einstellen, während wir noch eben rechts auf dem Radweg neben der Straße zur Ampelanlage an der Auensiedlung rollen. Hier queren wir die Straße und beginnen am Lottlisa-Behling-Weg links die 75 Meter steile Auffahrt. Oben erwartet uns der Blick auf die Allianz Arena und die Münchner Sykline. Die Allianz Arena, Spielstätte des FC Bayern München, erstrahlt an Heimspieltagen in Rot. Ein-

Kleinhesseloher See mit Restaurant Seehaus.

fach spektakulär der Scheitelpunkt dieser Fahrt. Hinunter rollen wir auf dem Asphaltsträßchen links um den Berg herum. Einen kleinen Stopp sollten wir an der Heilig-Kreuz-Kirche neben der Autobahn einlegen. Es ist die älteste Kirche Münchens und wurde mit dem Friedhof an den Rand des (Müll-) Berges versetzt. Das Dorf Fröttmaning wurde für die damalige Deponie aufgegeben.

Wir stoßen auf den Kurt-Landauer-Weg, der rechts hinüber zur Allianz Arena führt, radeln aber geradeaus und dann links um den Berg herum, bis wir wieder zur Ampelanlage kommen. Auf dem Weg, den wir schon kennen, geht es zurück bis zur Kanalbrücke. Wir radeln über den Kanal und gleich links an das Ufer der Isar. Bald hören wir das Rauschen der wilden Isar, wenn ihr Wasser über die Stromschnellen schießt. Auf dem Isarradweg geht es flussaufwärts bis an die Eisenbahnbrücke. Davor halten wir uns rechts und an der Unterführung links zur Leinthalerstraße. Hier radeln wir nach rechts zur Sondermeierstraße und dort wieder links zum Aumeister in die parkähnliche Hirschau. Wenn wir nicht schon auf der Hinfahrt eingekehrt sind, können wir jetzt für eine Brotzeit Halt machen.

Den Schlussspurt beginnen wir auf dem Weg, der hinter der Brücke am Schwabinger Bach nach rechts führt. Der Weg heißt übrigens Werneckstraße und folgt den Windungen des Baches bis zum Kleinhesseloher See. Auf halbem Weg durch die Hirschau liegt linker Hand das Mini-Hofbräuhaus, Treffpunkt der Hundefreunde und Radler bei deftiger Hausmannskost. Wenn wir noch etwas durchhalten, können wir auch im gemütlichen Biergarten Hirschau (Mo–Sa 12–23 Uhr, So, Feiertag 11–23 Uhr, Gyßlingstr. 15, 80805 München, www.hirschau-muenchen.de) auf ein Feierabendbier einkehren. Liegt links vor der Brücke am „Mittleren Ring“. Auf dieser Brücke radeln wir dann über den Isarring und schwenken gleich dahinter auf den Weg nach rechts ein. Wieder ist der Schwabinger Bach unser Begleiter. Bald queren wir die Straße, die zum Chinesischen Turm bzw. nach Alt-Schwabing führt und radeln weiter auf dem breiten Weg zurück zum Parkplatz hinter dem Haus der Kunst am südlichen Ende des Englischen Gartens. Wer noch Lust verspürt, kann über den Parkplatz zur Eisbachwelle gehen und den Surfern bei ihrem spektakulären Ritt auf der Welle zuschauen. Oder doch lieber im P1 Club (Mo–Sa 18–1 Uhr, Prinzregentenstraße 1, 80538 München, www.p1-club.de) chillen?

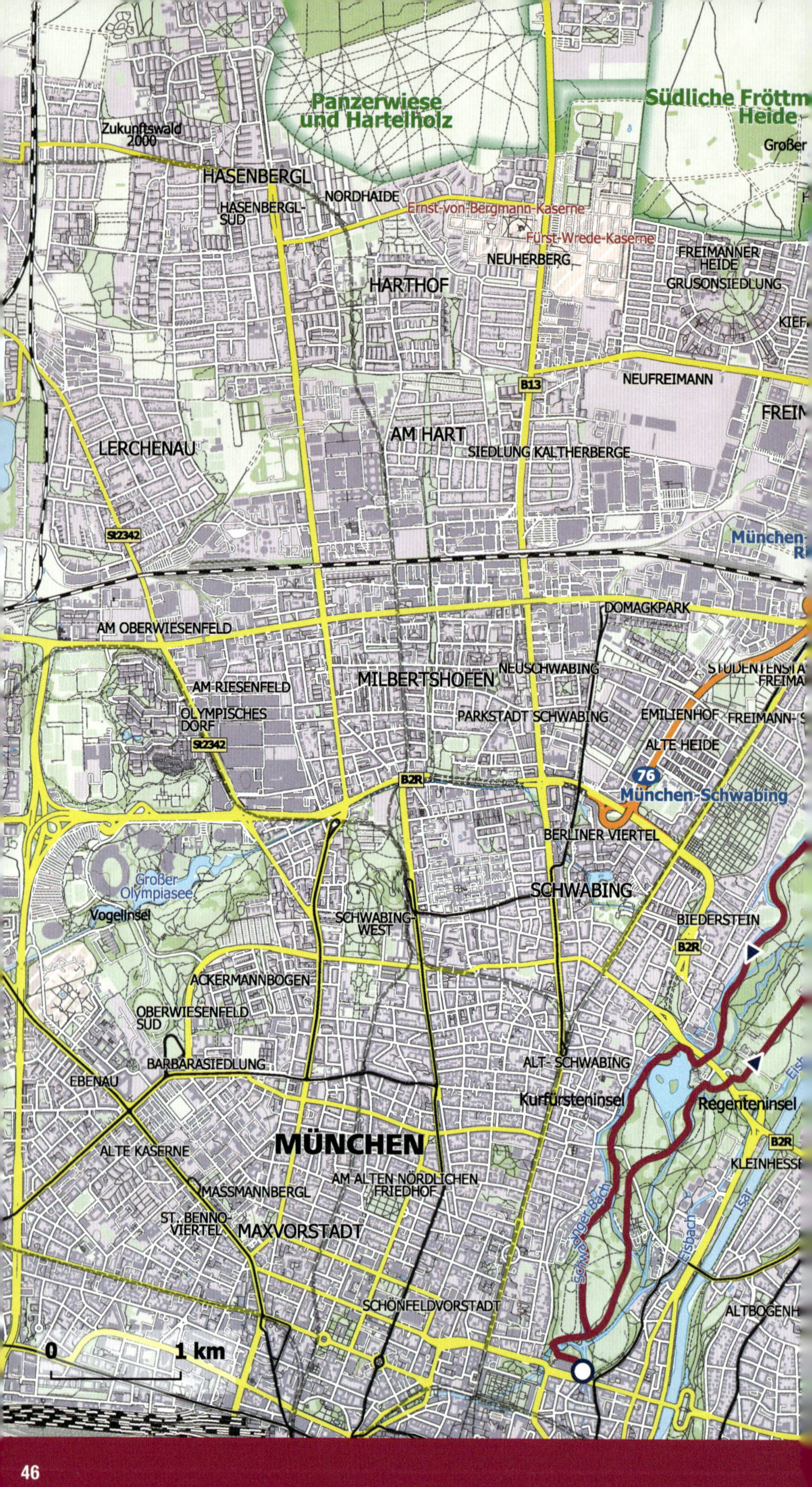

Panzerwiese
und Hartelholz
Südliche Fröttm
Heide
Großer
Zukunftswald
2000
HASENBERGL
HASENBERGL-
SÜD
NORDHAIDE
Ernst-von-Bergmann-Kaserne
Fürst-Wrede-Kaserne
NEUHERBERG
FREIMANNER
HEIDE
GRUSONSIEDLUNG
HARTHOF
KIEF
B13
NEUFREIMANN
FREIM
LERCHENAU
AM HART
SIEDLUNG KALTHERBERGE
St2342
München-
AM OBERWIESENFELD
DOMAGKPARK
NEUSCHWABING
AM RIESENFELD
MILBERTSHOFEN
STUDENTENSTA
FREIMA
OLYMPISCHES
DORF
PARKSTADT SCHWABING
EMILIENHOF
FREIMANN-
ALTE HEIDE
St2342
B2R
76
München-Schwabing
BERLINER VIERTEL
Großer
Olympiasee
SCHWABING
Vogelinsel
SCHWABING-
WEST
BIEDERSTEIN
B2R
ACKERMANNBOGEN
OBERWIESENFELD
SÜD
BARBARASIEDLUNG
EBENAU
ALT- SCHWABING
Kurfürsteninsel
Regenteninsel
ALTE KASERNE
MÜNCHEN
B2R
KLEINHESS
AM ALTEN NÖRDLICHEN
FRIEDHOF
MASSMANNBERGL
ST. BENNO-
VIERTEL
MAXVORSTADT
Schwabinger Bach
Eisbach
Isar
ALTBOGENH
SCHÖNFELDVORSTADT
0
1 km

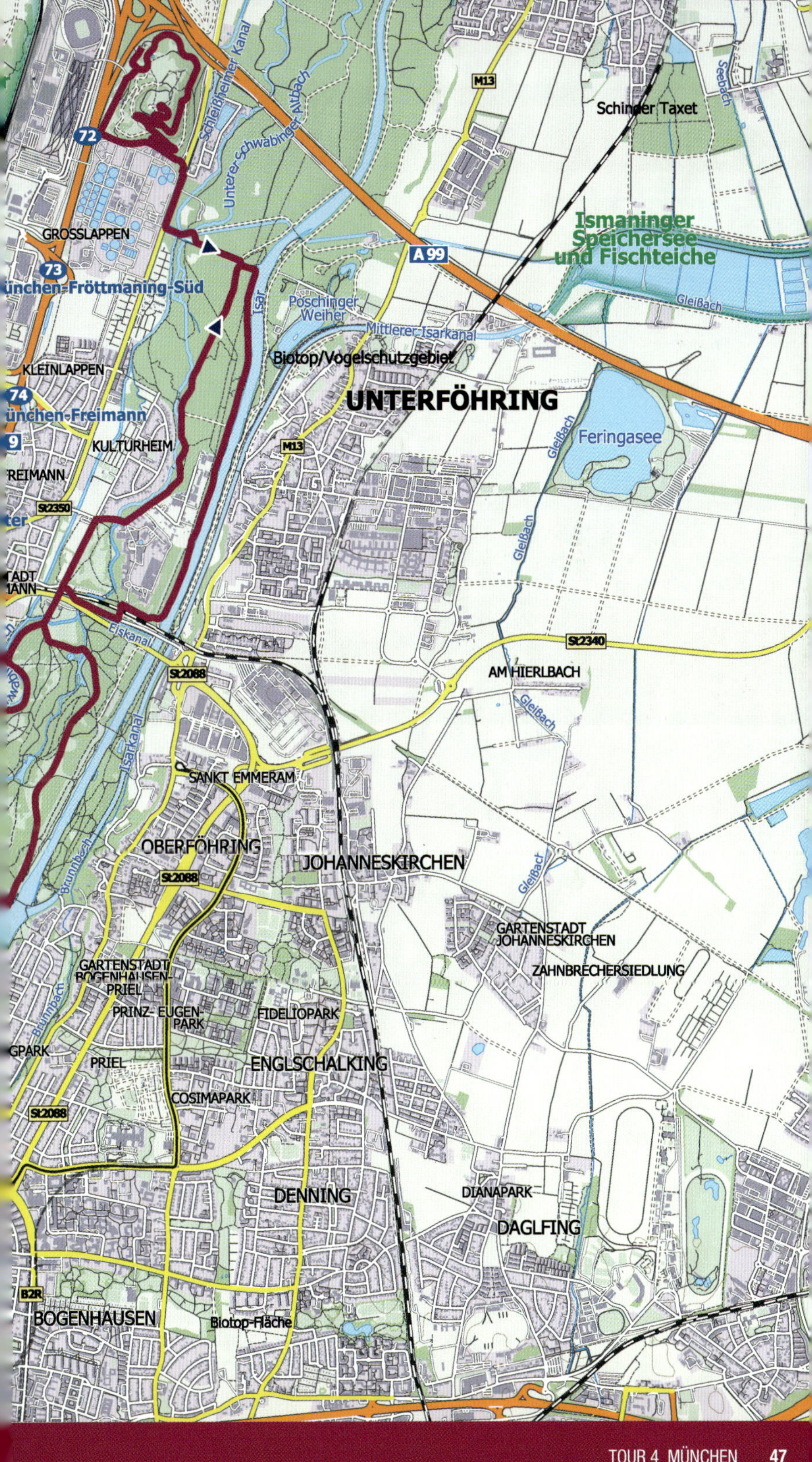
Schleißheimer Kanal
Unterer-Schwabinger Altbach
M13
Schinder Taxet
Seebach
GROSSLAPPEN
72
73
ünchen-Fröttmaning-Süd
A 99
Ismaninger Speichersee und Fischteiche
Gleißbach
Isar
Poschinger Weiher
Mittlerer-Isarkanal
Biotop/Vogelschutzgebiet
KLEINLAPPEN
74
ünchen-Freimann
UNTERFÖHRING
KULTURHEIM
Feringasee
Gleißbach
REIMANN
St2350
St2340
Eiskanal
St2088
AM HIERLBACH
Isarkanal
SANKT EMMERAM
OBERFÖHRING
JOHANNESKIRCHEN
Brunnbach
GARTENSTADT JOHANNESKIRCHEN
ZAHNBRECHERSIEDLUNG
GARTENSTADT BOGENHAUSEN-PRIEL
PRINZ-EUGEN-PARK
FIDELIOPARK
PRIEL
ENGLSCHALKING
COSIMAPARK
DENNING
DIANAPARK
DAGLFING
B2R
BOGENHAUSEN
Biotop-Fläche

Die schönsten Kilometer durch

5 MÜNCHENS WESTEN

Start/Ziel

BLUTENBURG

Rundtour

27,2 Kilometer

41 Höhenmeter

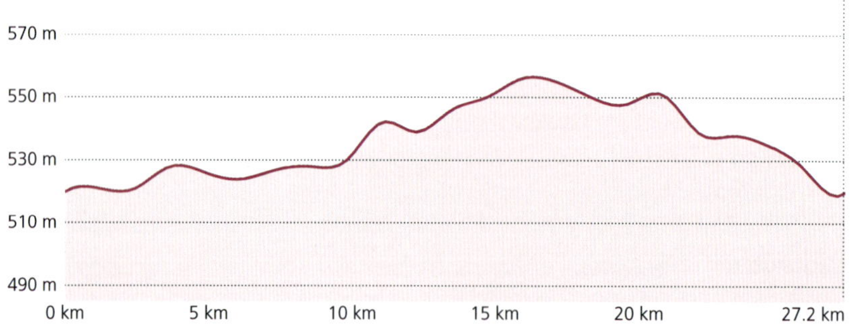

Die Blutenburg.

Von der schönen Blutenburg und der herzzerreißenden Geschichte von der Bernauerin, die wie der Münchner Stadtschreiber festhielt, „am 15. Oktober 1435 gen hymel gefertigt hett“, zum größten Münchner Biergarten im Königlichen Hirschgarten. Hirsche gibt es hier aber auch. Dann wartet auf uns das Asien-Ensemble im Westpark. Am schattigen Ufer der Würm entlang geht's wieder zur Blutenburg, vielleicht zum Pfälzer Herbstweinfest.

Da es keine Steigung gibt und die Tour recht kurz ist, wäre sie für die Familie gut geeignet. Aber die Hotspots auf der Route sind eher etwas für Junge und ältere Leute. Die Wege und Straßen sind fast ausschließlich asphaltiert.

Wir treffen uns auf dem Parkplatz am Seldweg an der Blutenburg. Hier sei erwähnt, dass wir hier auch wieder ankommen, fahren kurz Richtung Blutenburg und dann links auf dem Schirmerweg bis zum Feldrand. Hinter Bäumen versteckt liegt das russisch-orthodoxe Kloster des Heiligen Hiob. Links auf den Weg einbiegen und wir fahren, die Grandlstraße überquerend, zur Siedlung Am Durchblick an der Frauendorferstraße. Gleich am Anfang der Siedlung biegen wir rechts ein und erreichen die Brücke am Nymphenburger Kanal. Hinüber geht's, gleich links abbiegen und unter der Bahnbrücke hindurch zum Schlosspark Nymphenburg, einem prächtigen barocken Landschaftsgarten. Hinter der Bahnbrücke halten wir

Thai-Sala Pagode im Westpark.

uns halb rechts zur Schlossparkmauer und radeln an ihr entlang zur Margarethe-Danzi-Straße. Wir fahren über den Parkplatz zwischen den Sportanlagen, stoßen an die Bahngleise und radeln nach links an ihnen entlang zum neuen Wohnquartier Hirschgarten. Wir biegen links in den Königlichen Hirschgarten ein zum Damwild- und Muffelwildgehege. Das Restaurant Hirschgarten (11–24 Uhr, Hirschgarten 1,80639 München, www.hirschgarten.de) war früher das Haus des Jägers, so um 1780. Im Schatten zahlloser Kastanien und Sonnenschirme finden wir Münchens größten Biergarten. Der richtige Ort für ein gemütliches Feierabendbier und um Freunde zu treffen.

Vom Parkplatz beim Restaurant radeln wir auf der Königsbauerstraße zur Kreuzung der Arnulfstraße mit der Wilhelm-Hale-Straße. Entlang der Wilhelm-Hale-Straße gelangen wir zum S-Bahnhaltepunkt Hirschgarten. Es geht geradeaus über die Friedenheimer Brücke und Landsberger Straße in die Elsenheimerstraße und weiter geradeaus durch die Lautensackstraße bis zur Zschokkestraße. Die Hans-Thonauer-Straße beginnt gegenüber und führt uns zur Nördlinger Straße. Dort biegen wir links ein und erreichen über die Siegenburger Straße den Westpark am Audidom (Grasweg 74, 81373 München). Früher traten hier Queen, Frank Zappa, Kiss und Bruce Springsteen auf. Das „Ufo", architektonisch betrachtet, ist heute Basketballarena und Heimat der Basketballmannschaft des FC Bayern München.

Daneben liegt der Hopfengarten (Mo–Fr 14–23 Uhr, Sa, So, Feier-

Highlights
am Wegesrand

Km 5
Im Biergarten des Königlichen Hirschgartens spielen zum Frühschoppen und zum Dämmerschoppen bekannte Musikkapellen. Ich behaupte mal, der Biergarten ist im Sommer das Wohnzimmer der Münchner. Hier spüren wir es. Umgeben von der wunderschönen Parkanlage bietet der Hirschgarten auch für die Kleinsten Spaß und Action.

Km 11
Hier finden wir die Thai-Sala, eine Pagode im Bangkok-Stil mit einer geweihten Buddhafigur, die sich im kleinen Teich spiegelt. Die Nepalpagode ist komplett aus Holz und wurde von 300 nepalesischen Handwerkern geschnitzt. Gekrönt wird der Westpark im Frühjahr: Da blühen 20.000 Rosen.

Km 17
Im Sommer können wir auf der großen Terrasse am See vor der Burg ein frisches Bier trinken und den majestätischen Anblick der Burg genießen. Beim Weinfest zur Herbstzeit und zur Blutenburger Weihnacht entfaltet die Burg ihren ganzen Charme.

tag 11–23 Uhr, Siegenburger Str. 43, 81373 München, www.hopfen-garten.de), ein Biergarten und Bühne für neue Münchner Bands, live on stage. Weiter geht's hinunter an den Mollsee und rechts an ihm entlang über die Brücke der Garmischer Straße in den Westpark und darin zum Westsee. Der Westpark im Überblick: China- und Japangarten, Seebühne, Rosengarten. Hier blühen im Frühjahr 20.000 Rosen in 500 verschiedenen Arten. Oberhalb des Rosengartens liegen, was München so angenehm macht, ein Wirtshaus und ein Biergarten, nämlich das Wirtshaus am Rosengarten (10–1 Uhr, Westendstr. 305, 81377 München, www.wirtshausamrosengarten.de). Am großen Parkplatz halten wir uns links zur Gilmstraße und erreichen die Ehrwaldstraße. Hier nun rechts einbiegen zur Fürstenrieder Straße und links zum Waldfriedhof. Die Straße am Waldfriedhof und neben der Autobahn heißt Forst-Kasten-Allee. Schloss Fürstenried ist bald erreicht.

Der Königliche Hirschgarten

Es wird auch das kleine Nymphenburg genannt, wegen seiner Ähnlichkeit mit dem großen Schloss. Leider ist es nicht zu besichtigen. Also halten wir uns auch nicht lange auf und radeln zum Traditionswirtshaus Einkehr zur Schwaige (11–22 Uhr, Forst-Kasten-Allee 114, 81475 München, www.einkehr-schwaige.de), natürlich mit Biergarten.

Unweit zweigt rechts die Tischlerstraße ab. Wir folgen ihr bis an den Weg, der hinter der Unterkunft für Flüchtlinge links der Straße in den Wald führt. Wir gelangen an die Straße Haderner Weg, queren sie und radeln bis zur nächsten Wegkreuzung im Fürstenrieder Wald. Rechts einbiegen und geradeaus fahren bis an den breiten Querweg, der Großhadern mit Martinsried verbindet. Wir biegen links ein zum Campus Martinsried der LMU. Der versteht sich als Life Science Campus für Biologie und Medizin. Hier werden Grundlagenforschung und Anwendung praxisnah verbunden, unsere Zukunftsschmiede. Die Straße Am Klopferspitz führt nach rechts über die Würmtalstraße bis zur asphaltierten Großhaderner Straße mitten im Wald des Lochhamer Schlags. Links biegen wir ein und erreichen den Friedhof von Gräfelfing. Vor dem Friedhof nun rechts und an der Lohenstraße links abbiegen.

Jetzt sind wir an der Pasinger Straße in Gräfelfing und radeln hinüber über die Würm zum Kirchweg. Er führt uns rechts über die Lochhamer Straße und die Autobahn in den Paul-Diehl-Park. Dort halten wir uns rechts noch einmal über die Würm in den Pasinger Stadtwald hinein. Die Würm zur Linken radeln wir durch den Park. Der Weg macht einen Rechtsbogen zur Brücke über den Kanal. Gleich dahinter links auf den Weg einbiegen, der uns nun entlang des Kanals zur Institutstraße führt. Jenseits des Kanals auf den Weg rechts einbiegen und zur Kaflerstraße radeln. Nach der Kurve links in den Hermann-Hesse-Weg einbiegen und unter der Bahnanlage hindurch geht's zur Theodor-Storm-Straße. Rechts in der Kurve zweigt der Schirmerweg ab, der uns zurück zum Parkplatz an der Blutenburg führt. Jetzt nehmen wir uns noch die Zeit zur Einkehr in der romantischen Schlossschänke Blutenburg (12–19 Uhr, Seldweg 15, 81247 München, www.schlossschaenke-blutenburg.de). Das malerische Idyll mit fünf kleinen Türmen, Herrenhaus und Schlosskapelle, ist wunderschön für eine kirchliche Trauung; Schlossweiher und eine parkähnliche Anlage ringsum dürfte auch den letzten Ausflugsmuffel zum Freiluftliebhaber bekehren.

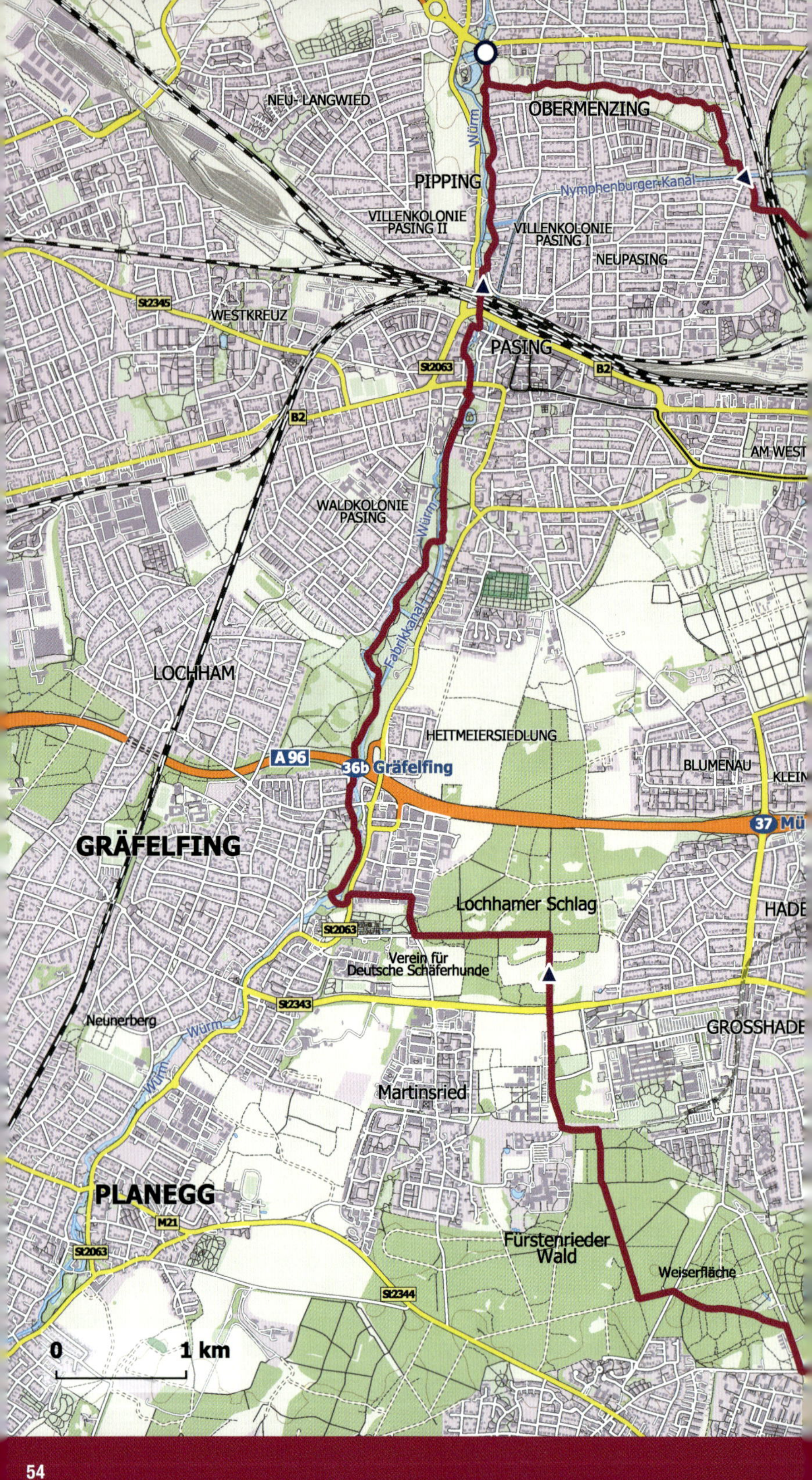
NEU- LANGWIED
OBERMENZING
PIPPING
Würm
Nymphenburger-Kanal
VILLENKOLONIE PASING II
VILLENKOLONIE PASING I
NEUPASING
St2345
WESTKREUZ
PASING
St2063
B2
AM WEST
WALDKOLONIE PASING
Fabrikkanal
LOCHHAM
HEITMEIERSIEDLUNG
A 96
36b Gräfelfing
BLUMENAU
KLEIN
GRÄFELFING
37 Mü
Lochhamer Schlag
HADE
St2063
Verein für Deutsche Schäferhunde
St2343
Neunerberg
GROSSHADE
Martinsried
PLANEGG
M21
St2063
Fürstenrieder Wald
Weiserfläche
St2344
0
1 km

Vogelwald
Nymphenburger Kanal
NYMPHENBURG
VILLENKOLONIE NEUWITTELSBACH
EBENAU
ALTE KASERNE
NEUHAUSEN
B2R
SIEDLUNG NEUHAUSEN
ST. VINZENZ-VIERTEL
MARSFELD
POSTVERSUCHSSIEDLUNG
BIRKETWEG
ARNULFPARK
B2
LAIM
NEU- FRIEDENHEIM
WESTEND
FRIEDENHEIM
SCHWANTHALERHÖHE
THERESIENHÖHE
HANSAPARK
MÜNCHEN
B2R
38
A 96
39 München-Sendling
KURPARKSIEDLUNG
AM WESTPARK
UNTERSENDLING
SENDLINGER BERG
SENDLING
HOLZAPFELKREUTH
KRIEGERSIEDLUNG
AM WALDFRIEDHOF
St2343
B2R
MITTERSENDLING
1 München-Sendling-Süd
A 95
2 München-Kreuzhof
B11
SIEMENS- SIEDLUNG
THALKIRCHEN
KREUZHOF
MARIA EINSIEDEL

Die schönsten Kilometer durch

6 MÜNCHEN OST

Start/Ziel

MESSESTADT RIEM

Rundtour

19,6 Kilometer

62 Höhenmeter

Der sommerliche Riemer Park vom Bugaberg.

Da wo bis 1992 Flugzeuge aus aller Welt landeten und abhoben, starten wir unsere Tour. Vom Riemer Park radeln wir über die Friedenspromenade zur Gartenstadt Trudering. Durch den Förchet geht's zum Radlertreff nach Solalinden und zum Event-Gut Keferloh. Zurück radeln wir entlang der Münchner Stadtgrenze zum Riemer See und lassen nochmal richtig die Seele baumeln.

Wir wechseln zwischen asphaltierten Sträßchen und Wegen mit losem Untergrund. Immer ziemlich eben geht es durch lichten Wald und über Felder. Ist auch eine tolle Familientour mit größeren Kindern. Badesachen nicht vergessen.

Am Reißbrett entstand der neue Stadtteil Messestadt Riem, gradlinig, modern und zweckmäßig mit Park und See. Landschaftsarchitekt Gilles Vexlard hat das Wegesystem entworfen, streng symmetrisch, ohne Schnörkel. Selbst der Aussichtshügel hat Kanten. Deshalb radeln wir nun „schnurgerade" vom Parkplatz am Riemer See an den See. Der See ist grandios: sauberes Wasser, flacher Kiesstrand und jede Menge Entspannung. Er wurde für die Bundesgartenschau 2005 künstlich angelegt. Wir heben uns den Sprung ins kühle Nass fürs Ende der Tour auf und fahren vorerst am Ufer rechts und auf dem asphaltierten Weg am 700 Meter langen See entlang. Wie am Lineal gezogen führt er uns an den Weg, der im spitzen Winkel von rechts

Highlights
am Wegesrand

Km 0
Wo heute rund 16.000 Menschen leben und ein modernes Messegelände internationales Publikum anzieht, starteten bis Anfang der 1990er Jahre Flugzeuge in alle Himmelsrichtungen. Wir merken schon bei der Orientierung, dass die Messestadt Riem am Reißbrett entstanden ist. Symmetrisch, gradlinig, mit Park und See.

Km 12
Im Sommer ist es draußen am schönsten. Perfekt für Frühstück, Mittag- und Abendessen im Biergarten. Passend zur leckeren Brotzeit gibt es ein kühles Augustiner-Helles. Die hauseigene Konditorei vom Gasthof Gut Keferloh zaubert Süßes und knuspriges Brot zum Mitnehmen.

Km 19
Wie ein Keil ragt der Aussichtshügel am Riemer See aus dem Boden. Von oben blicken wir auf lange, geradlinige Achsen und streng geometrische Flächen. Gilles Vexlard inszenierte wirkungsvoll die Weite des Raumes. Im Winter wird der Aussichtshügel zum Rodelhügel.

her kommt und folgen ihm nach links zum Gewerbegebiet am Rappenweg. An der Schwablhofstraße halten wir uns links und radeln durch die Bahnunterführung zur Wasserburger Landstraße in München Trudering.

Gegenüber setzen wir unsere Tour durch die lang gezogene grüne Ader Friedenspromenade fort. Unterwegs, an der Kreuzung mit der Solalindenstraße, erwartet uns schon das Wirtshaus Lindengarten (11–22 Uhr, Solalindenstraße 50, 81825 München, www.lindengarten.eu), natürlich mit einem Biergarten. Das Besondere: Es gibt eine große Auswahl an Weiß- und Rotweinen. Viele dieser Winzer sind Charakterköpfe und so sind ihre Weine ein ausgezeichnetes Trinkvergnügen.

Neue Messe München mit Gran Paradiso.

Lust auf einen Schoppen? Na dann reingehen. Wenig später liegt rechts an der Kreuzung Vogesenstraße schon der Franziskaner Garten (11–22 Uhr, Friedenspromenade 45, 81827 München, www.franziskanergarten.de). Vor dem Haus steht eine echte Berghütt´n, die Franziskaner Alm. Sieht einmalig urig aus. Im Wirtshaus spüren wir die echte bayerische Gemütlichkeit in historischem Ambiente. Hier herrscht tolle Feierabendstimmung unter schattigen Kastanien bei einem original Franziskaner Weißbier und dem Spaten Hell, frisch vom Fass gezapft. Die Friedenspromenade führt Richtung Truderinger Grenzkolonie und heißt dort Friedrich-Creuzer-Straße. An der Günderodestraße biegen wir links in die Grenzkolonie ein und radeln gemütlich am Rande der Siedlung entlang. Der Name kommt von der Lage an der Stadtgrenze von München. Bald heißt sie Fauststraße und macht eine scharfe Linkskurve zur Schwedensteinstraße. Am Straßenende verlassen wir die Siedlung nach rechts und radeln durch den lichten Wald, dem Förchet, zum kleinen Dorf Solalinden.

An der Straße halten wir uns links und sehen schon an den vielen Rädern vor der Gaststätte Zur Einkehr (Mi–So 11–22 Uhr, Keferloher-Markt-Straße 30, 85640 Putzbrunn, www.zur-einkehr-so-

Im Gasthof Gut Keferloh, die Wirtsstube.

lalinden.de), dass sie ein bei Radlern sehr beliebtes Ziel ist. Wir schauen mal rein und erfrischen uns bei einem Tegernseer Hell. Im Biergarten können wir unsere eigene Brotzeit auftischen. Unsere Route biegt dann vor der Gaststätte in die Straße Am Rehwinkel ab und führt uns über die weiten Felder und über die B 471 an den Waldrand des Waldgebietes Lohholz. Wir fahren in einem Linksbogen um das Lohholz herum, an die Straße nach Keferloh. Das Gut Keferloh liegt links, also radeln wir dorthin. Im Innenhof des Gasthofes Gut Keferloh (Mi–So 12–24 Uhr, Biergarten Mo–Sa 17–24 Uhr, So 12–24 Uhr, In Keferloh 2, 85630 Grasbrunn, www.gut-keferloh.de) stehen viele alte Kastanien, unter denen wir eine leckere bayerische Brotzeit genießen und einfach Hallo sagen. Sommer in Bayern. Das Herzstück vom Wirtshaus ist die Wirtsstube mit historischen Wandvertäfelung, der umlaufenden Bank, wobei die großen, langen Tische und die Schänke im Gründerzeitgewand eindeutig der Blickfang sind. Wir schauen auch mal ins Künstlerzimmer rein. Ein gemütlicher Raum mit Zeichnungen des bayrischen Malers und Grafikers Hans Prähofer an den Wänden. Ein echter Hingucker.

Im Gasthof Gut Keferloh spielt das „Kleine Münchner Theater“ mit viel Leidenschaft Mundarttheater, typisch bayerisch, aber keineswegs bierernst. Immer freitags, samstags und sonntags (www.kleines-muenchner-theater.de). Und dann ist da noch die ehemalige Scheune nebenan. Dort findet jeden ersten Sonntag im Monat ein Antik- und Raritätenmarkt statt. Soll einer der größten in Deutschland sein. Also einfach mal durchstöbern. Es ist wirklich nicht langweilig im oberbayerischen Weiler Keferloh. Noch ein Highlight! Immer am ersten Montag im September findet der Keferloher Markt statt, einst ein traditioneller Vieh- und Pferdemarkt, heute ein gemütliches Landwirtschaftsfest, auf dem sich auch gerne bayerische Lokalpolitiker zeigen.

Anschließend geht es kurz Richtung Solalinden, an der kleinen Kirche St. Ägidius vorbei und rechts auf den schmalen Weg über das Feld zum Waldrand. Mitten im Wald schwenken wir auf der zweiten Wegkreuzung rechts ein und fahren geradeaus nach Haar an die Münchener Straße. Wir fahren erstmal rechts zur Ampel und dann hinüber zur Keferloher Straße, die uns nach Gronsdorf führt. An der Kirche in Gronsdorf halten wir uns links und an der folgenden Kurve geradeaus auf den Weg zum Ort der Besinnung am Riemer Park. Schon stehen wir vor dem Riemer See, biegen rechts ab und fahren am Ufer entlang zum Aussichtspunkt auf dem Hügel. Wir umfahren den Hügel rechtsherum und können dann mit dem Rad hinauf. Unser Anstieg wird von einer schönen Aussicht auf die Messestadt Riem belohnt. Hinunter lassen wir das Fahrrad rollen und biegen dann links ab zurück zum Ausgangspunkt der Tour, am Parkplatz am Riemer See. Und jetzt noch nach der Radltour die Badehose auspacken und in den Riemer See springen, klingt nach einem guten Tourabschluss. Snacks und Getränke gibt es am See-Kiosk. Im Riemer Park fand 2005 die Bundesgartenschau statt. Da wurde auch der See angelegt, der als einer der saubersten in München und Umgebung gilt.

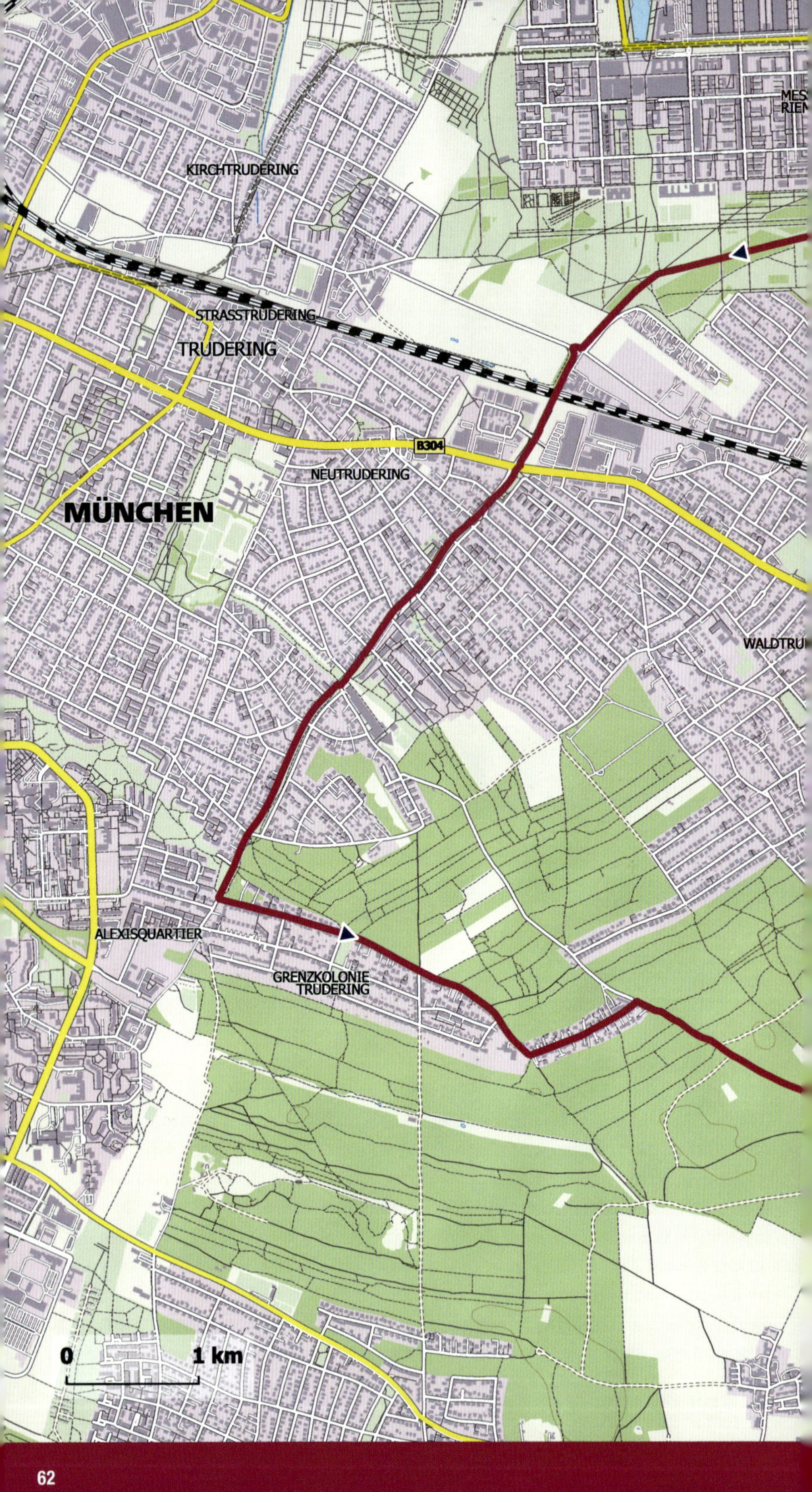

KIRCHTRUDERING
STRASSTRUDERING
TRUDERING
B304
NEUTRUDERING
MÜNCHEN
WALDTRU
ALEXISQUARTIER
GRENZKOLONIE TRUDERING
0
1 km

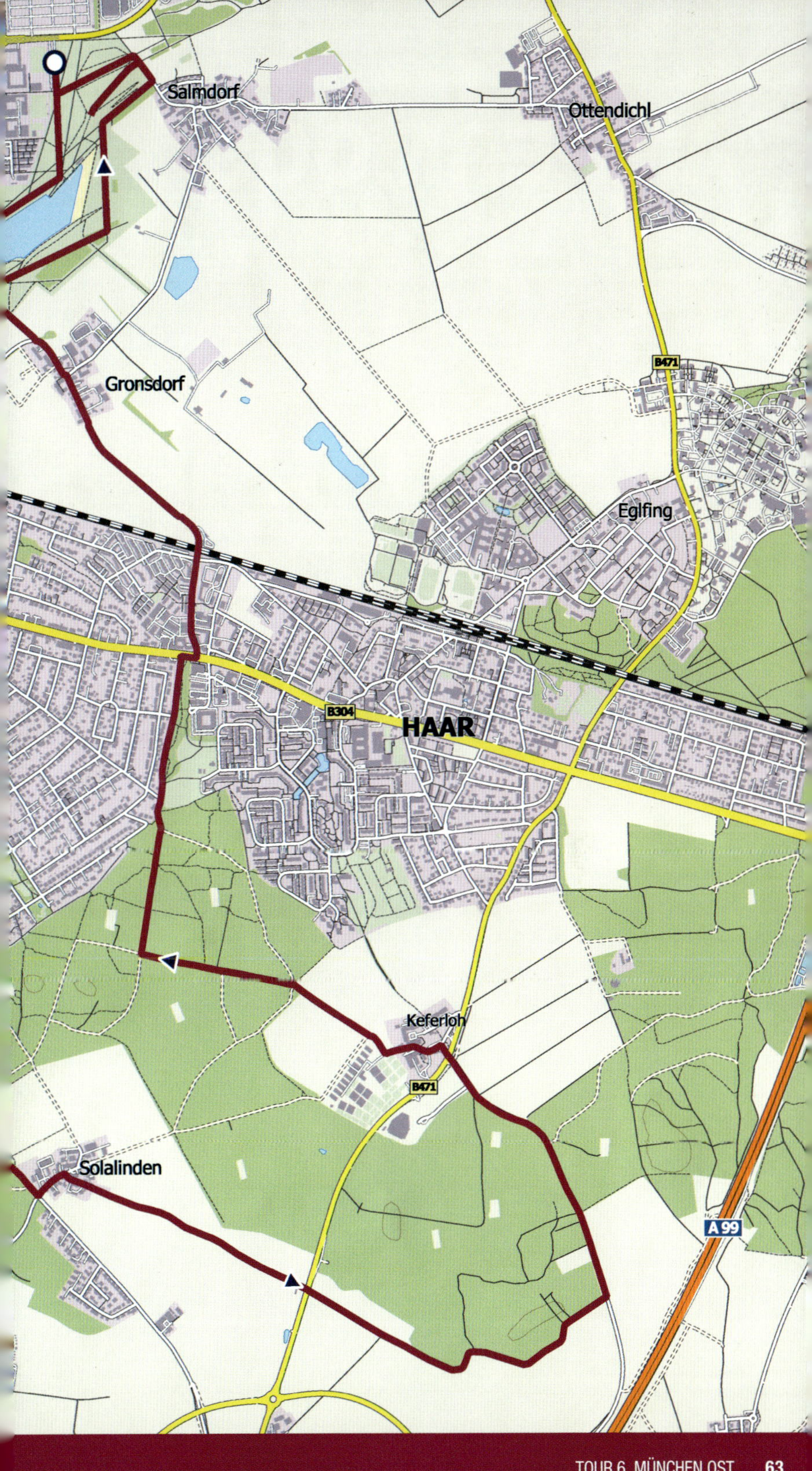
Salmdorf
Ottendichl
Gronsdorf
B471
Eglfing
B304
HAAR
Keferloh
B471
Solalinden
A 99

Die schönsten Kilometer am

7 AMPERMOOS

Start/Ziel

FÜRSTENFELD

Rundtour

51 Kilometer

226 Höhenmeter

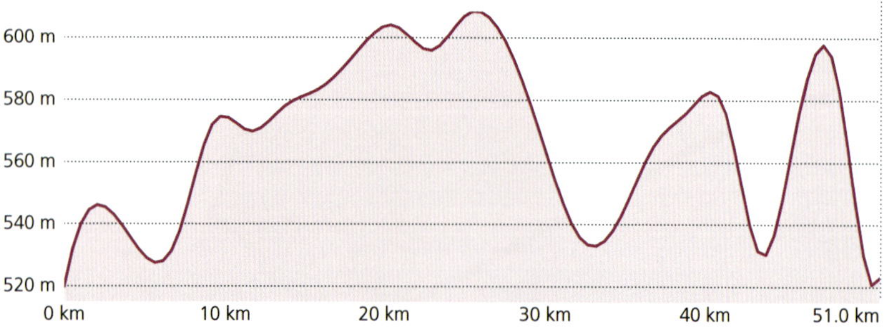

Panorama an der Amper.

Rechts wie links entlang der Amper schlängelt sich die Tour durch die Wälder von Fürstenfeldbruck zur Erzabtei St. Ottilien südlich von Geltendorf. Schön ist es an der Amper, in der Aue unterhalb der Leite bei Fürstenfeld und im weiten Ampermoos vor dem Ammersee.

Die Tour führt über Straßen und Wege mit wechselnder Beschaffenheit und manchmal auch an großen Straßen entlang. Die Steigungen auf der rund 51 Kilometer langen Strecke sind moderat.

Am Parkplatz in Fürstenfeld vor der malerischen Kulisse des Klosters gehen wir auf Tour und kehren hier auch wieder zurück. Das Klosterareal umfahren wir rechts vom Parkplatz auf der Straße Am Engelsberg. Sie führt uns zur Bahnunterführung, hinter der wir rechts auf die Zellhofstraße einbiegen und durch das Tal der Amper zum Zellhof fahren. Bald stoßen wir auf die Holzhausener Straße, biegen rechts ein und gleich erneut rechts auf den Weg über die Insel nach Schöngeising. Hinter der Kirche liegt der Biergarten des Unter'n Wirt (Mi–So ab 11 Uhr, Kirchstraße 2, 82296 Schöngeising, www.unterwirt-schoengeising.de) mit E-Bike-Ladestation. Vor zur Brucker Straße und links einbiegen, dann gleich rechts in die Amperstraße, über die Bundesstraßenbrücke an den Ortsrand.

Links führt uns die Brandenberger Straße in den Wald. Am Querweg halten

Das Kloster Fürstenfeldbruck.

wir uns links und erreichen eine Wegkreuzung. Auf dem rechten Weg radeln wir durch eine Bahnunterführung und in einem lang gezogenen Linksbogen zum Forstlichen Pflanzgarten vor der nächsten Bahnunterführung. Wir wenden uns nach rechts und radeln zum S-Bahnhof Grafrath. Steigen wir mal vom Rad und schauen uns im WeltErlebnisGarten über 200 fremdländische Baumarten an, darunter einen 130 Jahre alten Mammutbaum.

Beim Ausgang geht's links, dann rechts entlang der Bahnhofstraße durch die Bahnunterführung. Wir biegen links in die Villenstraße ein und radeln links auf dem Sträßchen Johannishöhe nach Kottgeisering. Die Jesenwanger Straße bringt uns hinunter an die Dorfstraße. Sie führt uns rechts zum Ortsrand und links an die Straße Zur Grotte. Rechts geht's jetzt den Kapellenberg hinauf, bei der Kapelle Maria Himmelfahrt vorbei, dann links zum kleinen Wäldchen in dem sich die Lourdesgrotte verbirgt. Hier hat der Asphalt ein Ende und auf schmalem Weg erreichen wir die St.-Florians-Kapelle. Wir radeln auf holprigem Untergrund neben der Bahnlinie bis zur Bahnunterführung. Links unten hören wir den Höllbach durch die Höllbachschlucht rauschen. Auf der anderen Seite der Bahn geht's nach Türkenfeld. Wir stoßen auf die Saliterstraße und folgen ihr halb links

Highlights
am Wegesrand

Die prachtvolle barocke Klosterkirche Mariä Himmelfahrt ist weithin sichtbarer Mittelpunkt des Areals, ein Meisterwerk der Gebrüder Asam und des Baumeisters Giovanni Viscardi.

Schatzkasterl
Im Klosterdorf St.-Ottilien zeigt uns Bruder Aurelian Binswanger sein Schatzkasterl mit rund 400 Nähmaschinen. Wenige Schritte entfernt liegt das Missionsmuseum und vermittelt uns einen Einblick in die Missionsarbeit. Zum Abschluss kehren wir im Emminger Hof ein.

Feierabend
Das Bauernhofmuseum Jexhof erzählt die Geschichte des bäuerlichen Lebens um 1900 am Hof der Riedls. In den originalen Hofgebäuden steht der alte Traktor, sind Ackergeräte und Gegenstände des täglichen Lebens zu sehen. Wie es sich gehört, blöken Schafe und gackern Hühner.

Hotspot
Fürstenfeld lockt mit barocker Pracht & kulturellen Highlights. Vor der malerischen Kulisse des ehemaligen Klosters gehen wir auf Tour.

zur Moorenweiser Straße. In der Bahnhofstraße erhebt sich die Dorfkirche. Wir biegen aber links ab und in der Duringstraße rechts zur Einkehr beim Gasthof Hartl Zum Unterwirt (Mi–So 10–23 Uhr, Duringstrasse. 5, 82299 Türkenfeld, www.gasthof-hartl.de).

Von dort geht's über die Bahnbrücke in die Ammerseestraße Richtung Bahnhof. Bald heißt die Straße Birkenweg und führt Richtung S-Bahnhof Geltendorf. Bei der Bahnunterführung fahren wir links unter Alleebäumen zur Erzabtei St. Ottilien. Mittelpunkt ist die Klosterkirche Herz-Jesu mit ihrem Vierecksturm. Einen Einblick in die Missionsarbeit der Benediktiner von St. Ottilien gewährt das Missionsmuseum (Di–So 10–17 Uhr, Erzabtei 1, 86941 St. Ottilien, www.missionsmuseum.de). Wenige Schrit-

Die Erzabtei St. Ottilien.

te vom Museum entfernt kehren wir im Emminger Hof (tgl. 11–21 Uhr, Erzabtei 12, 86941 St. Ottilien, www.klostergasthof.ottilien.de) ein. Nebenan im idyllischen Klosterbiergarten dürfen wir die eigenen Speisen mitbringen, ist hier Tradition. Er ist von Mi–Fr ab 16 Uhr und am Wochenende ab 11.30 Uhr geöffnet. Kuchenliebhaber gehen gegenüber ins Klostercafé. Darf es noch ein Museum sein? Dann müssen wir ins Schatzkasterl von Bruder Aurelian Binswanger gehen. Er hat rund 400 Nähmaschinen zusammengetragen und zeigt sie im Nähmaschinenmuseum.

Wir verlassen die Erzabtei über die Bahnbrücke und radeln an der Bahn entlang zum links abzweigenden Asphaltsträßchen nach Türkenfeld. Am Ortsanfang biegen wir in die St.-Ottilien-Straße ein und erreichen den Bahnhof Türkenfeld. Rechts geht's auf der Ammerseestraße, dann auf der Sudetenstraße über die Zankenhausener Straße zur Grundschule. Nach der Schule führt uns der asphaltierte Weg rechts nach Pleitmannswang. An der Kreisstraße biegen wir links ein und in der Kurve rechts und gleich links auf die Amperwiesen hinaus und ums Eck nach Kottgeisering. Ent-

lang der Kreisstraße radeln wir nach Grafrath und „docken“ beim Dampfschiff (Mo–Fr 10.30–22 Uhr, Sa + So 10–23 Uhr, Graf-Rasso-Str. 40, 82284 Graf-rath, www.dampfschiff.com) an, ist ein typisch bayerisches Wirtshaus. Wenn die Sonne scheint, heißt es auch im Biergarten O’zapft is!

Rechts vom Kreisverkehr, jenseits der Amper, sehen wir die wunderschöne Wallfahrtskirche St. Rasso. Vom Kreisverkehr fahren wir auf der Hauptstraße hinunter zur Kirche auf der Insel in der Amper. Vor der Sportgaststätte nehmen wir rechts den Höhenweg um die Sportanlagen herum nach Mauern. Bei der Kapelle St. Georg geht’s in die Römerstraße Richtung Schöngeising. An der Bushaltestelle biegen wir zum Bauernhofmuseum Jexhof (Di–Sa 13–17 Uhr, So und Feiertage 11–18 Uhr, 82296 Schöngeising, www.jexhof.de) ab. Das Museum erzählt die Geschichte des bäuerlichen Lebens und der Resi Geiger um 1900 an originalen Gebäuden, Geräten und Gegenständen.

Zurück geht’s an die Straße und nach Schöngeising. Noch vor der Amper biegen wir rechts nach Holzhausen ab und radeln nach Biburg. Hier kehren wir nochmal ein, beim Oberer Wirt neben der Pfarrkirche mit gemütlicher Stub’n. Schlussspurt! Die Brucker Straße rollen wir hinunter über Gelbenholzen zum Parkplatz in Fürstenfeld am ehemaligen Kloster. Das Kloster Fürstenfeld ist heute kultureller Hotspot mit Veranstaltungsforum, städtischem Museum, neue Bühne Bruck und den Galerien Kulturwerkstatt und Kunsthaus. Mittelpunkt war und ist die Klosterkirche Mariä Himmelfahrt, ein Meisterwerk der Gebrüder Asam und des Baumeisters Giovanni Viscardi. Gastronomie gibt es auch. Einen Biergarten im Klosterhof am Amperkanal beim Restaurant Fürstenfelder und das Klosterstüberl (Mi–So 11.30–22 Uhr, Fürstenfeld 7c, 82256 Fürstenfeldbruck, www.klosterstueberl.de), wo wir den Tag ausklingen lassen.

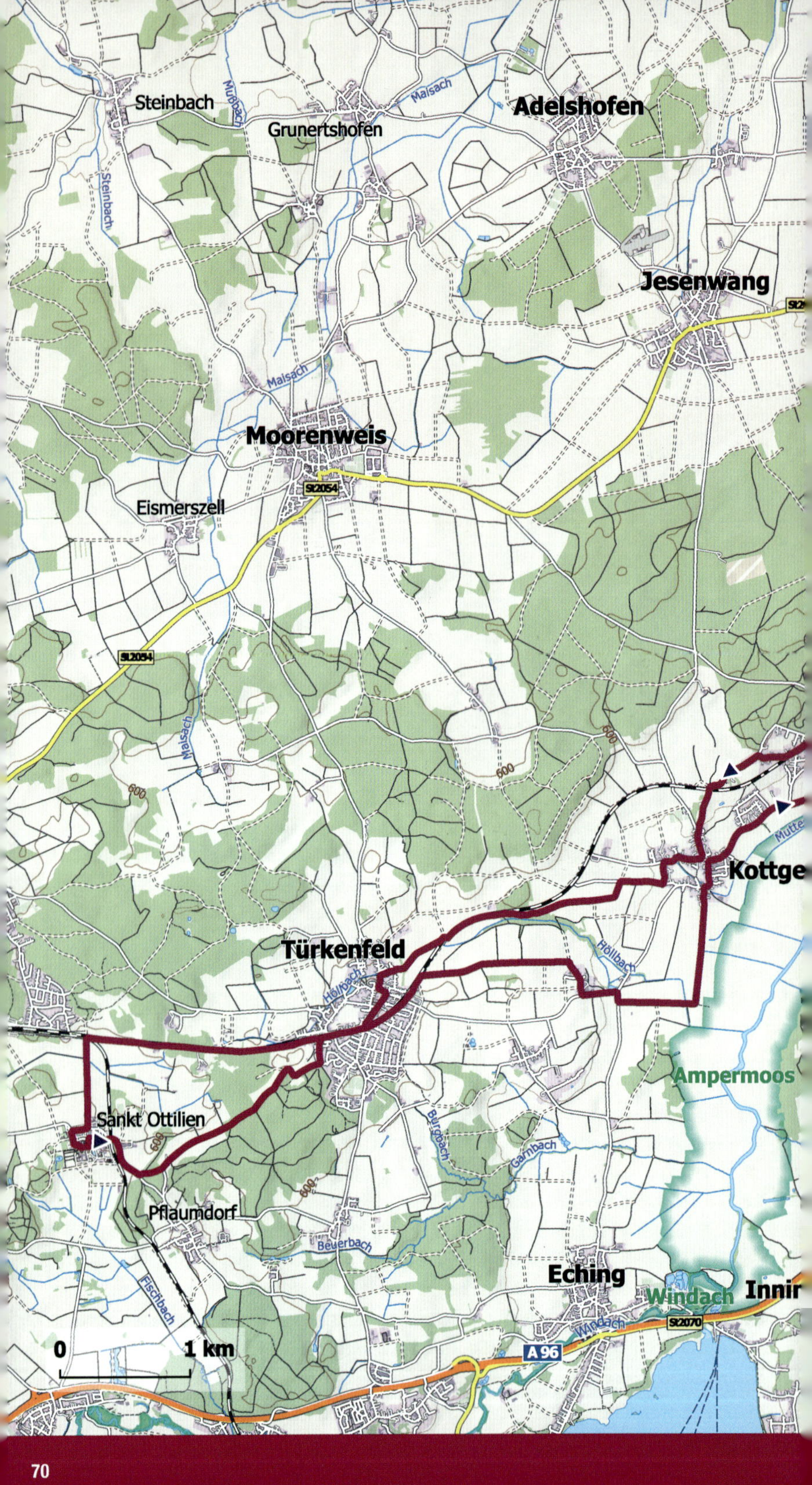
Steinbach
Grunertshofen
Adelshofen
Mußbach
Maisach
Steinbach
Jesenwang
Maisach
Moorenweis
St2054
Eismerszell
St2054
Maisach
600
600
600
Kottge
Türkenfeld
Höllbach
Höllbach
Ampermoos
Sankt Ottilien
Burgbach
Gambach
600
600
Pflaumdorf
Beuerbach
Eching
Windach
Innir
Fischbach
Windach
St2070
0
1 km
A 96

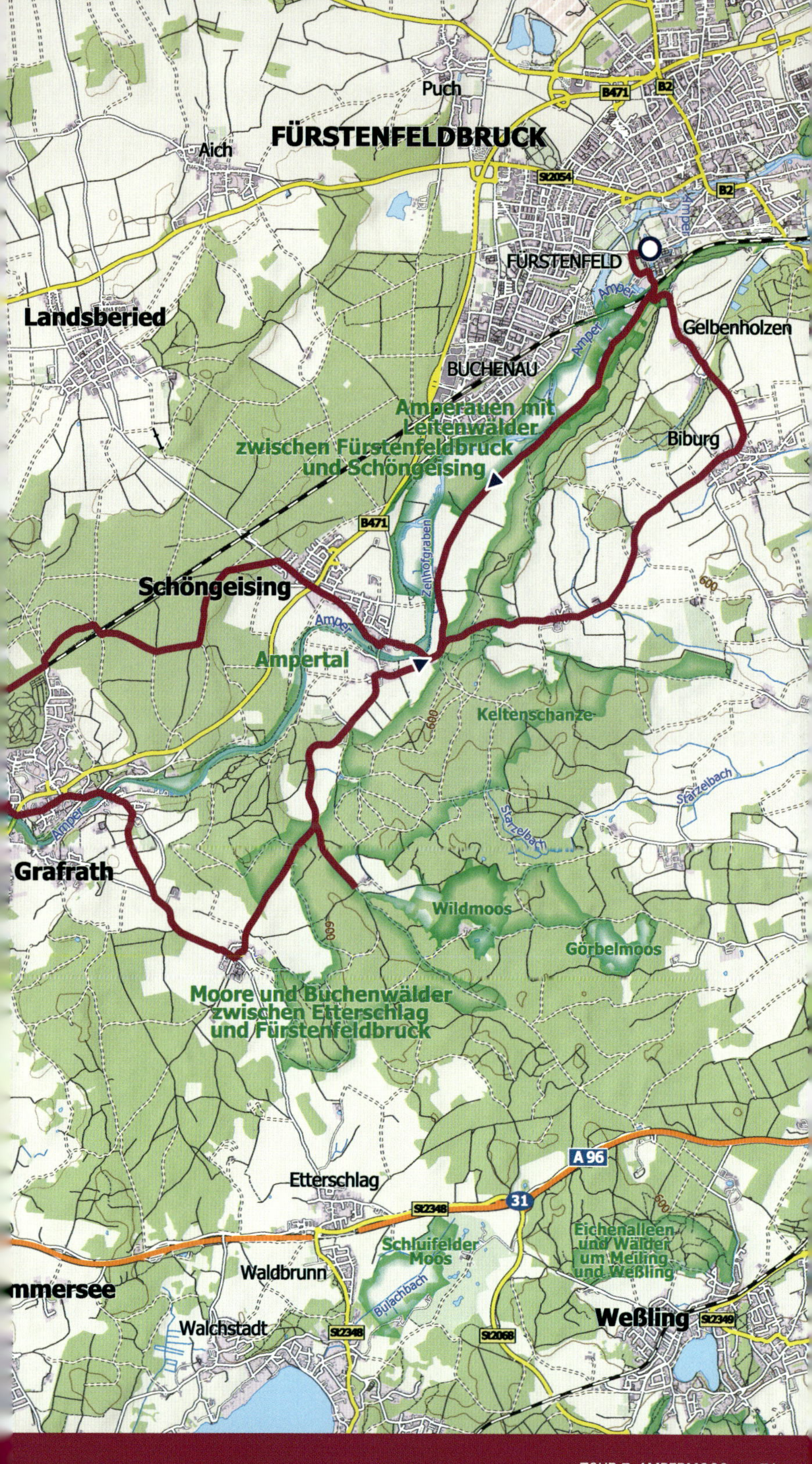
Puch
FÜRSTENFELDBRUCK
Aich
B471
B2
St2054
Landsberied
FÜRSTENFELD
Amper
Gelbenholzen
BUCHENAU
Amperauen mit Leitenwälder zwischen Fürstenfeldbruck und Schöngeising
Biburg
B471
Zellhofgraben
Schöngeising
Ampertal
Keltenschanze
Starzelbach
Grafrath
Wildmoos
Görbelmoos
Moore und Buchenwälder zwischen Etterschlag und Fürstenfeldbruck
A 96
Etterschlag
St2348
31
Schluifelder Moos
Eichenalleen und Wälder um Meiling und Weßling
Waldbrunn
mmersee
Bulachbach
Walchstadt
St2348
St2068
Weßling
St2349

Die schönsten Kilometer am

8 AMMERSEE

Start/Ziel

SCHLOSS SEEFELD

Rundtour

48,2 Kilometer

170 Höhenmeter

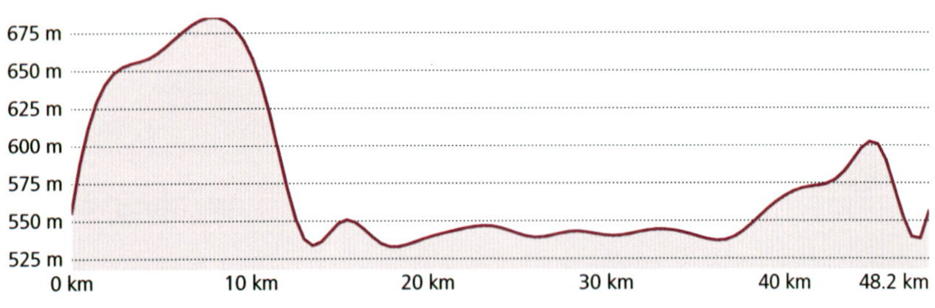

Der Blick auf Andechs und den „Heiligen Berg".

Start und gleich geht's 100 Meter hinauf zur Ebene über Pilsensee und Ammersee zum „Heiligen Berg" Andechs. Dort steil hinunter nach Aidenried und am Westufer des Ammersees entlang über Utting zum Hafen der Raddampfer in Stegen. Der Anstieg über den Stegener Berg führt uns nach Inning und über Bachern an den Wörthsee zurück an den Pilsensee.

Sportlich geht's zu auf der Tour mit einer steilen Auffahrt und einer steilen Abfahrt auf Wegen und Sträßchen, die zum großen Teil asphaltiert sind. Die Badehose brauchen wir nur bedingt, denn die Tour ist super interessant und abwechslungsreich. E-Bike-Ladestation gibt's am Andechser Bräustüberl.

Am Parkplatz unterhalb von Schloss Seefeld rüsten wir uns für die Fahrt. Hier werden wir nach rund 48 Kilometern auch wieder zurück kommen. Helm auf und los geht's Richtung Herrsching. Schon nach wenigen Metern führt die Tour steil bergauf nach Widdersberg, aber mit herrlichem Ausblick über den Pilsensee. Am Weiher fahren wir links zur Kirche. Der Dorfstraße folgen wir nach rechts und biegen dann nach Andechs ab. Hoch über dem Herrschinger Moos radeln wir zum „Heiligen Berg".

Wer Andechs sagt, meint das Kloster Andechs und die Wallfahrtskirche mit ihrem charakteristischen Zwiebelturm. Wir fahren die Bergstraße hinauf. Gleich

Bräustüberl Schloss Seefeld.

links erscheint der Klostergasthof Andechs und danach das Andechser Bräustüberl (Mo–Fr 11–20 Uhr, Sa + So 10–20 Uhr, Bergstraße 2, 82346 Andechs, www.andechs.de/gastronomie/braeustueberl) mit großem Biergarten und E-Bike-Ladestation. Hier lässt sich gut einkehren. Essen und Trinken hält zwar Leib und Seele zusammen, aber wir sollten doch einen Blick in die Wallfahrtskirche St. Nikolaus werfen. Der Innenraum ist überwältigend, ein Rokokojuwel bis ins Detail.

Wir rollen ins Dorf Andechs hinunter. An der Herrschinger Straße wenden wir uns nach rechts, um dann in der scharfen Rechtskurve auf den schmalen Weg einzubiegen. Wir folgen ihm hinunter zum Wald nach Wartaweil an den Ammersee. Weiter geht's parallel zur Straße nach Aidenried. Rechter Hand erstrecken sich die Seewiesen. Links oberhalb erblicken wir die Kirche St. Pankratius in Mitterfischen. Gleich am Ortsanfang von Vorderfischen radeln wir auf das Kupfermuseum (Mi–Sa 10–16 Uhr, Herrschinger Str. 1, 82396 Pähl, www.kupfermuseumfischen.de) im denkmalgeschützten Gutshof zu. Wir steigen ab und besichtigen die Kunstwerke. Siegfried Kuhnke hat Werke namhafter Künstler und Kuriositäten aus „Rotem Gold“ zusammengetragen. Gleich daneben duftet es aus der Andechser Kaffeerösterei (Mo–Fr 10–18 Uhr, Sa 10–14 Uhr, Herrschinger Straße 1, 82396 Pähl-Fischen, www.andechser-

Highlights
am Wegesrand

Zwiebelturm
In der Wallfahrtskirche St. Nikolaus auf dem „Heiligen Berg“ empfängt uns ein heller Innenraum mit prächtigen Bildern und prunkvollen Altären. Ein Rokokojuwel bis ins Detail. Die Wallfahrt nach Andechs ist sehr lebendig. Zahlreiche Wallfahrergruppen pilgern Jahr für Jahr auf den „Heiligen Berg“.

Bohnenbrüher
In der Andechser Kaffeerösterei werden Kaffeebohnen von kleinen privaten Fincas, verteilt aus aller Herren Ländern der Welt zu köstlichem Kaffee aufbereitet. Hier gibt’s auch eine super Bohnen-Beratung für einen eigenen perfekten Kaffeegenuss.

Nostalgie
Die Raddampfer Herrsching und Dießen mit stilvollem Ambiente versetzen wohl jeden in die gute alte Zeit zurück. Mit gezielten Landgängen können wir wunderschöne Ausflugsziele erkunden. Von Stegen am Ammersee brechen sie zu ihren Rundfahrten auf und das Gute daran, unsere Fahrräder nehmen sie auch mit.

kaffeeroesterei.de). Wir sind im Paradies der Bohnenbrüher.

Rechts geht’s über die Ammer entlang der Staatsstraße nach Dießen. Das letzte Stück vor Dießen begleitet uns die Bahnlinie entlang der Jägerallee bis an den Ammersee. Von der Jahnstraße geht’s durch den Park zur Seestraße. Rechts liegt der Dampfersteg, links der Bahnhof und vor uns der Kunst Pavillon (April bis Oktober, tgl. 11–18 Uhr, www.diessener-kunst.de), das Schaufenster Dießener Künstler und Handwerker. Schöne Dinge sind dort ausgestellt.

Wir folgen noch ein Stück der Seestraße, radeln links über den Bahnübergang und rechts zur Lachener Straße. Sie bringt uns nach Lachen. An der Lachen-Birkenallee geht’s hinunter zum

St. Alban mit Raddampfer.

Kloster St. Alban der Benediktinerinnen an den Ammersee. Am Seeweg-Süd biegen wir ein und radeln an der Bahnlinie entlang Richtung Riederau. Beim Campingplatz liegt das Seerestaurant St. Alban mit schöner Aussicht von der Terrasse auf den Ammersee. Kurz vor Riederau könnten wir überlegen, noch im Seehaus (Mi–So 12–22 Uhr, Seeweg-Süd 22, 86911 Dießen-Riederau, www.seehaus.de) einzukehren. Hier weht die französische Trikolore. Der Patron im Seehaus ist Monsieur Houillot. Jahrzehnte prägte der Bretone die feine, kreative Küche. Heute führt Florian Kiening den Kochlöffel mit asiatisch, indischen Einflüssen.

Am Bahnhof Riederau bleiben wir auf der Seeseite und radeln nach Holzhausen. Ab hier heißt der Weg nach Utting Eduard-Thöny-Straße. Schon bald liegt rechts das Jugendstil-Museum im Künstlerhaus Gasteiger (Mo 10.30–13 Uhr, Di–So 10–17.30 Uhr, Eduard-Thöny-Straße 43, 86919 Utting), einst Wohnsitz des Bildhauers Mathias Gasteiger inmitten eines herrlichen Bauernparks. Am Bahnhof Utting wenden wir uns zum Schiffsanleger und biegen links in die Seestraße zum Campingplatz ab. Dort im Freizeitgelände gibt es das Restaurant Pavillon am See. Mit Blick zum See steuern wir auf Schondorf zu. An der

Kirche führt unser Weg zum Restaurant Seepost und der Anlegesteg in den See.

Hinterm Anlegesteg macht die Seestraße eine Linkskurve, nach der wir in den Weingartenweg rechts abbiegen. Er führt am Ufer entlang nach Eching. Am Ende des Waldes beginnt Eching. Wir radeln auf der Kaagangerstraße bis zum Kreisverkehr. Dort wenden wir uns nach rechts und fahren parallel zur Straße, biegen dann rechts nach Stegen ab zum Parkplatz am Hafen der Bayerischen Seenschifffahrt (Landsberger Straße 81, 82266 Inning, www.seenschifffahrt.de). Hier liegen die Juwelen des Ammersees vor Anker. Die Raddampfer Herrsching und Dießen mit stilvollem Ambiente versetzen wohl alle in die gute alte Zeit zurück. Hier starten die Rundfahrten über den See. Wir gönnen uns einen Einkehrstopp, entweder im Restaurant Fischer oder im Seehaus Schreyegg (tgl. 11.30–22 Uhr, Landsberger Straße 78, 82266 Stegen, www.seehaus-schreyegg.com).

Wir radeln nun über die Landsberger Straße nach Inning zur Kirche am Marktplatz. Rechts geht's zur Walchstadter Straße. Wir biegen links ein und rollen geradeaus hinunter an den Wörthsee nach Bachern. Unten angekommen wenden wir uns nach rechts in die Fischerstraße und radeln zur Liegewiese. Die Wörthseestraße führt um das Erholungsgebiet herum zum Campingplatz in Schlagenhofen. Wir radeln nach Hechendorf zur Unterführung beim Bahnhof und weiter entlang der Seefelder Straße nach Seefeld, das Schloss schon fest im Blick. Nochmal die Staatsstraße queren und der Parkplatz unterhalb von Schloss Seefeld liegt rechts. Rad abstellen und zum Endspurt die Treppe hinauf zum Bräustüberl Schloss Seefeld (tgl. 10–24 Uhr, Schlosshof 4c, 82229 Seefeld, www.braeustueberl-seefeld.de) im Wirtschaftshof. Hier gibt es noch mehr zu entdecken. Künstler-Ateliers und exklusive Boutiquen mit einzigartigen Dingen laden zum Stöbern und Shoppen ein.

Inning
Greifenberg
A 96
29
28
Windach
Fischbach
Windach
Neugreifenberg
Buch
Windach
Windach
Schondorf am Ammersee
Hechenwang
Schweinach
Ammer
Breitbrunn
Schweinach
Mühlbach
Utting am Ammersee
Finning
Mühlbach
Ammersee
Riederau
Dettenhofer Filz und Hälsle
Ammer
DIESSEN AM AMMERS
Dettenschwang
Rott
Schwed
Bischofsrieder Bach
Tiefenbach
Vogelfreistätte Ammersee-Südu
0
2 km

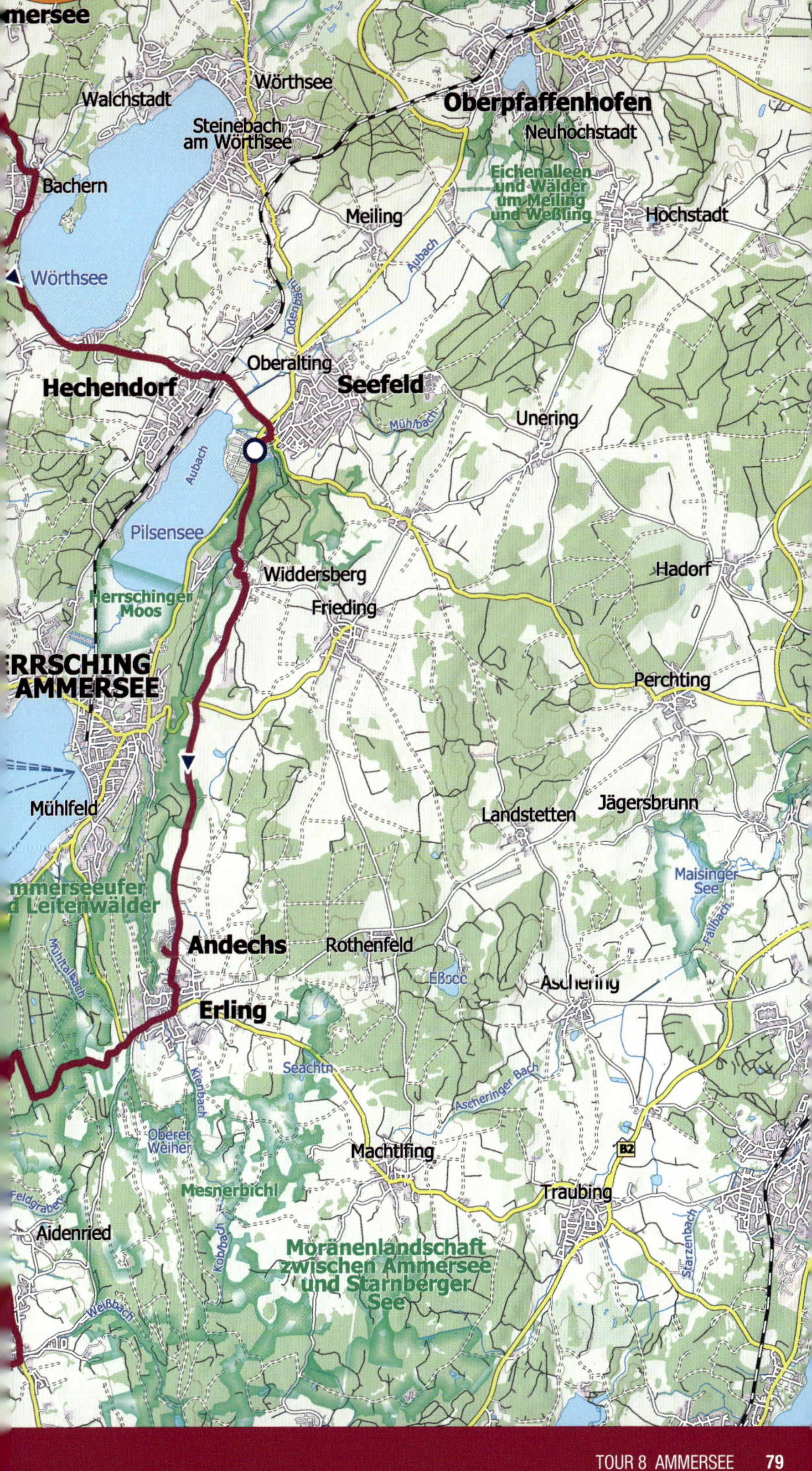
mersee
Walchstadt
Wörthsee
Steinebach am Wörthsee
Oberpfaffenhofen
Neuhochstadt
Bachern
Eichenalleen und Wälder um Meiling und Weßling
Meiling
Hochstadt
Aubach
Wörthsee
Odenbach
Oberalting
Hechendorf
Seefeld
Mühlbach
Unering
Aubach
Pilsensee
Widdersberg
Hadorf
Herrschinger Moos
Frieding
RRSCHING AMMERSEE
Perchting
Mühlfeld
Landstetten
Jägersbrunn
Maisinger See
mmerseeufer d Leitenwälder
Mühltalbach
Andechs
Rothenfeld
Fallbach
Aschering
Erling
Seachtn
Kienbach
Ascheringer Bach
Oberer Weiher
Machtlfing
B2
Mesnerbichl
Traubing
Feldgraben
Aidenried
Kobbach
Moränenlandschaft zwischen Ammersee und Starnberger See
Starzenbach
Weßbach

Die schönsten Kilometer ab

9 STARNBERG

Start/Ziel

STARNBERGER SEE

Rundtour

50,2 Kilometer

119 Höhenmeter

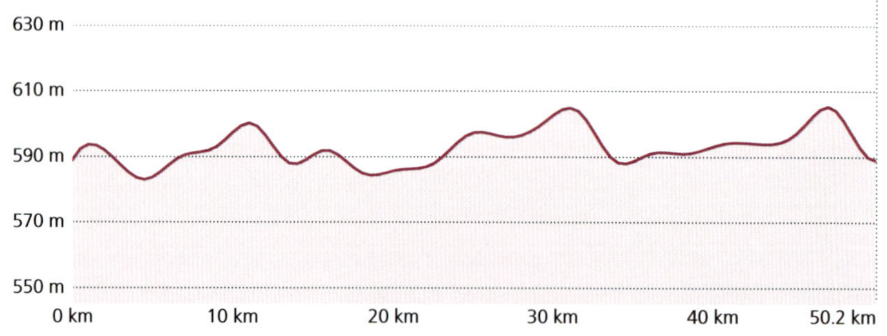

Anlegestelle am Starnberger See.

Die Runde um den Starnberger See habe ich mir für den Frühling oder den Herbst vorgenommen, dann ist es hier am schönsten. Eine Reihe ausgezeichneter Restaurants verführen mit super Aussichten über den See zum Verweilen.

Im Prinzip eine tolle Tour für die Familie: baden, einkehren, entdecken. Nur sind es rund 50 Kilometer um den See, jedoch ohne nennenswerte Steigung und meist auf asphaltierten Wegen. Alles eine Frage, wie der Tag gestaltet sein soll. E-Bike-Ladestation am Buchheim-Museum.

Der beste Ausgangspunkt ist der S-Bahnhof Starnberg. Davor gibt es den P&R-Parkplatz. Zunächst sei verraten, dass wir hier auch wieder zurückkommen, also los. Am Bahnhof gehen wir durch die Unterführung zur Seepromenade. Wir wenden uns nach links und radeln zum Nepomukweg. Rechts geht's jetzt zum Seebad Starnberg (tgl. 10–21 Uhr, Strandbadstraße 17, 82319 Starnberg, www.seebad-starnberg.de) mit Hallenbad und Strand am See. Über die Stufen der Nepomukbrücke müssen wir unser Rad tragen. Drüben wenden wir uns rechts zur Brücke am Lüßach in Percha. Auch mit Stufen hinauf und hinab. Der Uferweg führt uns weiter nach Kempfenhausen. Vor Berg treffen wir dann auf die Seestraße und fahren geradeaus zum Schiffsanleger beim Strandhotel Berg.

Das Schloss Höhenried in Bernried.

Die Straße macht eine Linkskurve, hinter der sich das Schloss Berg verbirgt. Jedes Jahr verbrachte König Ludwig II. hier den Sommer und erledigte von Berg aus seine Regierungsgeschäfte. Da es nicht zu besichtigen ist, radeln wir gleich um die nächste Ecke rechts und dann wieder rechts auf den Waldweg hinunter zur Votivkapelle am Starnberger See. Unterhalb im Seewasser wurde der Leichnam von König Ludwig II. gefunden. Ein Kreuz markiert die Stelle. Die Votivkapelle erinnert an den bayerischen Märchenkönig.

Der Weg führt weiter nach Leoni. Hier kehren wir beim Fischermeister Gastl (Mi–So 11– 8 Uhr, Assenbucher Str. 41, 82335 Berg/Leoni, www.fischermeister-gastl.de) ein. Es gibt selbst gebackenen Kuchen und deftige Sandwiches mit Räucherfisch aus der eigenen Fischräucherei im Hofladen. Das Uferstäßchen führt über Allmannshausen nach Ammerland. Dort gibt es ein Schlösschen, das sogenannte „Poccischlössl". Es besticht durch seine Außenansicht mit den beiden Zwiebeltürmen. Hier residierte einst Graf Franz von Pocci, Erfinder des Kasperl Larifari.

Über Seeheim erreichen wir Ambach. Gegenüber dem Schiffsanlegesteg steht das Gasthaus Zum Fischmeister. Die Seeuferstraße entfernt sich hier in einem Linksboden vom See. Dort biegen wir aber rechts ab und radeln am Ufer zum Campingplatz. Unter-

Highlights
am Wegesrand

1886
Bis heute ist der Tod des Märchenkönigs ein Mysterium. Ein Kreuz im See markiert die Stelle, wo sein Leichnam gefunden wurde. Direkt oberhalb entstand zu seinem Gedächtnis die Votivkapelle. Jedes Jahr kam König Ludwig II nach Schloss Berg, erledigte während des Sommers seine Regierungsgeschäfte und ließ sich von Künstlern inspirieren.

Park
Wilhelmina Busch gehörte einst ein Drittel der Bernrieder Gemeindeflur mit dem Höhenrieder und Bernrieder Park. Sie baute Schloss Höhenried und stattete es mit Antiquitäten aus. Den Bernrieder Park brachte sie in eine Stiftung ein, „der Allgemeinheit zur Erholung".

Kunst
Im Zentrum von Buchheims Museum der Fantasie steht seine berühmte Expressionistensammlung mit Gemälden, Aquarellen, Zeichnungen und Druckgrafiken. Sein Architekt Günter Behnisch baute ein lang gestrecktes Haus, das in einem zwölf Meter über dem See schwebenden Steg endet.

halb des Platzes geht's zur Straße Am Schwaiblbach. Wir biegen rechts ab und erreichen den Biergarten des Buchscharner Seewirtes (tgl. 11.30–22 Uhr, Buchscharn 1, 82541 Münsing, www.buchscharner-seewirt.com). Wir bewundern das schmucke Haus, das einst in der Tiroler Wildschönau stand und mit Zirbenstube hier wieder aufgebaut wurde. Rechts geht's auf schmalem Weg zum Ufer und dann entlang der Staatsstraße zur Zufahrt zum Restaurant Zum kleinen Seehaus. Wir queren die Zufahrt und fahren nach Sankt Heinrich zum malerischen Gasthaus Fischerrosl (Di–So 11.30–14.30 Uhr + 17–22 Uhr, Beuerbergerstraße 1, 82541 St. Heinrich, www.fischerrosl.de) mit Fischereimotiven an der Fassade.

Wir radeln am Südufer entlang der Straße nach Seeshaupt. Auf der Hauptstraße geht's durch den Ort bis zur Tutzinger Straße, die uns rechts nach Seeseiten

Die Anlegestelle Seeshaupt.

bringt. Bevor wir rechts zum Schloss Seeseiten abbiegen, lockt der Gasthof Café Seeseiten (Di–Sa 11.30–19 Uhr, So 10–19 Uhr, Seeseiten 3, 82402 Seeseiten) mit Biergarten zur Einkehr. Genießen wir den wunderschönen Ort. Jetzt rechts zum Schloss Seeseiten. Ist auch Privatbesitz. Also gleich weiter geradeaus Richtung Bernried. Am Bernrieder Park halten wir uns zum Ufer und radeln auf dem Unteren Seeweg zum Kloster Bernried der Missions-Benediktinerinnen. An der Klosterkirche St. Martin wenden wir uns nach links zur Dorfstraße und fahren vor zur Tutzinger Straße beim Yachthafen. Geradeaus kommen wir zum Buchheim-Museum (Di–So 10–17 Uhr, Am Hirschgarten 1, 82347 Bernried, www.buchheim-museum.de). Ich bin gerne hier, zwischen Kunst und Genuss und einer E-Bike-Ladestation.

Wir wenden uns zu den Parkplätzen des Buchheim-Museums und radeln nach Unterzeismering. Von der Staatsstraße biegen wir rechts ab in den Höhenrieder Weg und radeln zum Sportboothafen. Dort queren wir die Erlenstraße und stoßen auf die Lindenallee. Rechts folgen wir ihr zur Tennisanlage am Johannishügel und fahren am seeseitigen Hang entlang, rechts geht's zum Museumsschiff Tutzing, zum Kustermannpark in Tutzing. An

der Hauptstraße nun rechts kommen wir zum Schloss Tutzing, heute Evangelische Akademie. Auf der Schlossstraße geht's rechts hinunter an den See zum Anlegesteg der Bayerischen Seenschifffahrt. Über die Marienstraße gelangen wir zum Brahmsweg und folgen ihm linkshaltend zum Midgardhaus (Biergarten, tgl. 11–21 Uhr, Midgardstraße 3–5, 82327 Tutzing, www.midgardhaus.de) auf der kleinen Halbinsel am See. Hier genießen wir den wahrscheinlich schönsten Ausblick mit Alpenkulisse. Der Ebersweg führt uns zum Nordbad Tutzing und zum Freibad Garatshausen.

Auf dem Seeuferweg erreichen wir die Fähre zur Roseninsel (Fährzeiten im Mai 11–18 Uhr, Juni bis September 10–18 Uhr, September bis Oktober 11–18 Uhr) und lassen uns in einer Zille übersetzen. Der Märchenkönig Ludwig II. empfing in der Villa Kaiserin Elisabeth „Sisi" von Österreich. Auf dem Festland geht's zum Strandbad Feldafing und zum Forsthaus am See (Di–So 11–23 Uhr, Am See 1, 82343 Possenhofen, www.forsthaus-amsee.de) mit italienischer Küche und einzigartiger Seeterrasse. Wir kommen zum Anlegesteg Possenhofen und radeln links zum Sisi-Schloss Possenhofen, einst bewohnt von der Kaiserin Elisabeth von Österreich. Beim Schloss biegen wir links ab zum Gasthaus Zum Fischmeister. Gegenüber zweigt unser Weg zur Jugendherberge ab. Hinter dem Zufahrtsweg zur Herberge wenden wir uns nach links, queren die Staatsstraße und radeln rechts über den Paradies-Parkplatz, am Ende dann in den Wald hinauf nach Niederpöcking. Am Oberen Seeweg links gelangen wir zur Wilhelmshöhenstraße in Starnberg. Ihr folgen wir hinunter zur Possenhofener Straße. Parallel zur Hauptstraße geht's bis zur Bahnunterführung, die rechts abzweigt. Vor uns der Segelverein Bayern. Die Seepromenade führt uns nun am legendären Wirtshaus Undosa, heißt heute H'ugo's Beach Club und ist ein Italiener, vorbei zum S-Bahnhof Starnberg. Wenn wir noch einmal durch die Bahnhofsunterführung gehen, sind wir zurück am P&R-Parkplatz.

HERRSCHING AM AMMERSEE
Fischbach
Ammersee
Mühlfeld
Ammerseeufer und Leitenwälder
Andechs
Erling
Mühltalbach
Landstetten
Jägersbrunn
Standortübungs Maising
Maising
Maisinger See
Maisinger See
Pöckin
Rothenfeld
Eßsee
Aschering
Seachtn
Kienbach
Ascheringer Bach
B2
Oberer Weiher
Machtlfing
Feldafing
Mesnerbichl
Traubing
Feldgraben
Kohlbach
Starzenbach
Aidenried
Moränenlandschaft zwischen Ammersee und Starnberger See
Weißbach
Schollenmoos
Fischen
Flachtenbergmoor
Deixlfurter See
Hochschloßweiher
Obertraubing
Pähler Schlucht
Monatshausen
TUTZI
Pähl
Maistättenweiher
Kinschbach
Kinschbach
B2
Diemendorf
Kampberg
Unterzeismering
Wielenbach
Wilzhofen
Haunshofen
Hardt
Roßgraben
Rötlbach
Auweiher
Westerbach
Hardtbach
Grünbach (Mühlbach)
Bauerbach
Gallaweiher
Unterhausen
Neusee
Dietlhofer See
Bergknapp Weiher
Hausweiher
Magnetsrieder Hardt
Nußberger Weiher
B2
WEILHEIM IN OBERBAYERN
Jenhausen
Hardtbach
Angerbach
Deutenhausen
Blaselweiher
0
2 km

Percha
Neufahrn
A 95
Hohenschäftlarn
Kempfenhausen
Ebenhausen
Niederpöcking
Schäftlarn
B11
Irschenhausen
Berg
Icking
A 95
Aumühle
Kreuzweg
Aufkirchen
Leoni
Hornstein
Assenbuch
Alpe
Allmannshausen
Sachsenhausen
Höhenrain
Ergertshausen
Dorfen
Puppling
WOLFRATSHAUSEN
Neufahrn (bei Egling)
B11
Isarauen zwischen Schäftlarn und Bad Tölz
Münsing
Ammerland
6
B11a
Gelting
A 95
Achmühle
Holzhausen am Starnberger See
Degerndorf
GERETSRIED
B11
Sonderhamer Weiher
Birkensee
Happerg
Berg
Eurasburg
Babenstubener Moore
Baierlach
Unterherrnhausen
A 95
B11
Oberherrnhausen
Schellenbergmoor
Wiesen
Beuerberg
Sankt Heinrich
7
B2

Die schönsten Kilometer in

10 OBERHACHING

Start/Ziel

DEISENHOFEN

Rundtour

39,8 Kilometer

206 Höhenmeter

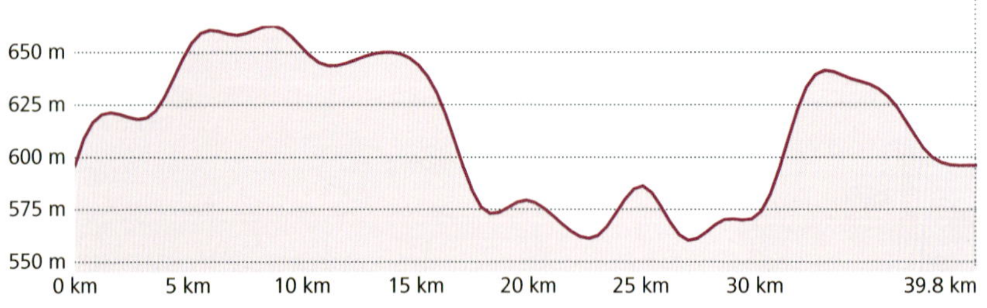

Schäftlarn, Gasthaus zum Bruckenfischer

Diese Radtour führt vom Bahnhof Deisenhofen über Dingharting in das herrliche Naturschutzgebiet Pupplinger Au bei Wolfratshausen. Vom Ickinger Wehr haben wir einen super Blick auf die Kiesbänke der Isar und sehen ein Event-Floß durch die Rutsche kommen. Am Isarkanal reihen sich die zünftigen Wirtshäuser wie Perlen an der Kette aneinander, mit Abstecher zum Klosterstüberl am Kloster Schäftlarn. Vom Radlertreff am Wirtshaus im Mühlthal geht's hinauf über Laufzorn nach Deisenhofen zurück.

Fast alle Wege verlaufen auf Asphalt, mit wenigen Ausnahmen. Das sportliche Highlight ist die Auffahrt vom Mühlthal nach Straßlach, ist aber auch schon die Ausnahme, sonst geht es eher einfach dain. Tolle Tour für ältere Kinder mit Kondition.

Wir starten am Parkplatz vom S-Bahnhof Deisenhofen, der auch unser Ziel sein wird. Vom Parkplatz am Bahnhofsplatz gehen wir unter den Gleisen hindurch zum Ausgang Richtung Grundschule und radeln durch die Unterführung rechts an den Kreisverkehr. Kurz davor geht's links zur Ödenpullacher Straße, an der Grundschule entlang, ins Waldgebiet des Laufzorner Holzes. Wir stoßen an der Waldschneise auf ein asphaltiertes Sträßchen, biegen links ein und kommen unter der Hochspannungsleitung auf die Römerstraße. Die lassen wir rechts

Am Ickinger Wehr.

liegen und fahren nach Ödenpullach. Schnell radelt sich's auf der schmalen Straße nach Großdingharting. Auf der Deisenhofener Straße geht's in die Ortschaft bis an die Kreuzung mit der Gleißentalstraße. Hier radeln wir geradeaus in den Urbanweg und biegen dann links ab in die Kleinhartinger Straße. Auf nach Kleindingharting zur Kirche mitten im Dorf und zur Frimmerkapelle auf der Ludwigshöhe. Viele Leute kommen hierher, nicht etwa wegen der schön verputzten Kapelle, sondern wegen der super Aussicht. Für die „Aussichtler" gibt es sogar einen Parkplatz mit Aussicht auf die Alpen.

Wir rollen hinunter nach Deining in die Talstraße und biegen links in die Münchner Straße ein. Bei der Kirche, sie liegt linker Hand, biegen wir in die Hornsteiner Straße ein. Wie der Name schon verrät, geht's nach Hornstein. Am Waldrand, wo das Sträßchen endet, biegen wir links ab und kommen nach Sachsenhausen. Die Straße führt weiter nach Ergertshausen. Wir nehmen allerdings den Hochleitenweg der an der Bushaltestelle rechts abzweigt und erreichen Ergertshausen beim Golfplatz. Wir wenden uns zum Golfgelände und radeln unter Bäumen zwischen Bunkern und Greens zum Riedhof an der Staatsstraße. Das Clubhaus des Golfclubs München Riedhof (Di–So 10–22 Uhr, Riedhof 16, 82544 Egling, www.riedhof.de) liegt rechts vor der Staatsstraße. Hier kehren wir ein. Wir haben es uns verdient.

Highlights
am Wegesrand

Ludwigshöhe
Uns erwartet ein grandioses Bergpanorama am höchsten Punkt im Münchner Süden auf einer einmalig schönen Anhöhe. Der Blick reicht von den Chiemgauer Alpen bis zu den Ammergauer Alpen und die Zugspitze. Für die „Aussichtler“ gibt es sogar einen Parkplatz. Für jeden Fotografen ein Muss, hier mal vorbeizuschauen!

Auwald
Vom Aujäger führt ein Asphaltsträßchen in die Pupplinger Au, das bei Skatern und Radlern sehr beliebt ist. Bei der Aumühle geht's retour. Im Naturschutzgebiet blühen Frauenschuh, Orchideen, Wacholder und Weißdorn. Im Wald wachsen Kiefer, Weißerle und Weide.

Tradition
Mächtig und stolz liegt Kloster Schäftlarn im sattgrünen Isartal. Weithin sichtbar ist sie eine der schönsten Kirchen im Süden von München, die Klosterkirche St. Dionysius, ein Rokoko-Juwel. Gegenüber sitzen wir im Klosterstüberl, in dem vieles seine Tradition hat, die Atmosphäre und die gemütliche Einrichtung.

Rechts der Staatsstraße entlang kommen wir zur Pupplinger Au, ins Naturschutzgebiet mit Auwald und Kiesinseln in der Isar vor der Isarbrücke bei Wolfratshausen und schwenken halb rechts ab in den Jägerweg zum Gasthaus Aujäger (Mo + Di Ruhetag, der Biergarten ist bei schönem Wetter geöffnet, Austr. 4, 82544 Puppling, www.aujaeger-puppling.de). An schönen Tagen ist es hier recht voll, besonders im Biergarten. Vom Aujäger radeln wir in das Waldgebiet der Pupplinger Au und halten uns gleich links in die Wehrbaustraße zum Ickinger Wehr. Hier zweigt der Isarkanal von der Isar ab. Wir gehen mal zu Fuß über das Stauwehr zur überdachten Holzbrücke an der Isar. Ist ein besonderes Gefühl. Mit etwas Glück können wir das eine oder andere Event-Floß

Das Kloster Schäftlarn.

kommen sehen. Wir werden es aber zuerst hören, die Blasmusik und den Gesang der Flößer und der Gesellschaft. Ist eine süffige Gaudi mit Fassbier, so eine Floßfahrt nach München. Wir sind zurück auf dem Festland und radeln am Isarkanal entlang. Er führt uns zum Gasthaus Aumühle (Di–Sa 11–22 Uhr, Aumühle 10, 82544 Egling, www.gasthaus-aumuehle.de). Ist bekannt als super Fischrestaurant mit eigener Fischzucht. Die Fische kommen fangfrisch aus den Zuchtteichen gleich nebenan. Von der hölzernen Fußgängerbrücke können wir weit den Kanal entlangschauen. Leider nicht bis nach Dürnstein, unserem nächsten Ziel.

In Dürnstein, an der Straße zum Kloster Schäftlarn, liegt das Gasthaus zum Bruckenfischer (tgl. 10 – 23 Uhr, Dürnstein 1, 82544 Egling, www.bruckenfischer.com). Jenseits der Isar gibt es am Parkplatz eine WC-Anlage. Wir hängen noch einen Kilometer dran und schauen uns die Klosterkirche von Kloster Schäftlarn an. St. Dionysius ist eine der schönsten Kirchen im Süden von München. Reichlich außergewöhnlich schöne Kirchenmalerei. Gegenüber dem Kloster Schäftlarn, übrigens seit 1866 Benediktinerkloster, öffnet täglich das Klosterbräustüberl (Mo–So 10–22 Uhr, Kloster Schäftlarn 16,82067 Ebenhausen, www.klosterbraeustueberl-scha-

Blick auf die vorbeifahrenden Flöße. Das Kleinod an Gemütlichkeit ist eine sehr beliebte Jausenstation für Radler.

Hier verlassen wir den Isarkanal, erst entspannt an der Ulrichskapelle vorbei, dann ächzend hinauf nach Straßlach. Auf der Mühlstraße geht's in den Ort und über die Kurz- und Schulstraße zur Kirche an der Grünwalder Straße. Hier kehren wir beim Gasthof zum Wildpark (tgl. 11– 22 Uhr, Tölzer Straße 2, 82064 Straßlach, www.gasthof-zum-wildpark.de) im Biergarten ein. Aber nicht nur wir, sondern früher auch die Bauern und Forstarbeiter die im Grünwalder Forst, dem Wildpark von König Max II., Arbeit fanden.

eftlarn.de). Ein bayerisches Wirtshaus mit Tradition. Wie wir bald merken ist es hier manchmal etwas chaotisch und bayerisch barock in der Aussprache, aber immer sympathisch.

Zurück zur Isar und über die Kanalbrücke. Weiter geht's am Kanal entlang auf das Gasthaus zur Mühle (Di–So 10–23 Uhr, Mühlthal 10, 82064 Straßlach-Dingharting, www.gasthausmuehle.de) zu, eine der letzten altbayerischen Wirtschaften. Im Herbst übermannt uns die Farbenpracht der Natur, im Winter die gemütliche Stub'n mit Kachelofen. Die Atmosphäre im sommerlichen Biergarten ist einzigartig, mit

Nach der Kirche biegen wir rechts in den Laufzorner Weg ein und radeln auf dem asphaltierten Sträßchen nach Laufzorn. Hier radeln wir kurz auf der Römerstraße Via Julia .Von der Römerstraße geht's links zum Gestüt Gut Laufzorn, dem ehemaligen Schloss Laufzorn inmitten von Weideland und Pferdekoppeln. Hier können wir den Pferden beim Grasen zuschauen. Ist sehr beruhigend. Vom Haupthaus radeln wir auf der Laufzorner Straße nach Deisenhofen und biegen in Höhe der Wolfzorner Straße rechts Richtung Grundschule ab. Am Kreisverkehr geht's geradeaus durch die Unterführung am Bahnhof zum 1/ Parkplatz vom S-Bahnhof Deisenhofen. Wir sind zurück am Ausgangspunkt.

Baierbrunn
A 95
A 95
5 Schäftlarn
Neufahrn
B11
Hohenschäftlarn
St2071
Isar
Isarwerkkanal
Mühlbach
Mühlbach
600
Hailafing
Schäftlarn
Ebenhausen
Großdi
St2072
A 95
St2971
Kleindingha
Irschenhausen
Isarwerkkanal
Schindergraben
Icking
Aumühle
Deinin
Auenbach
Ickinger Stausee
Isar
Hornstein
Isarauen zwischen Schäftlarn und Bad Tölz
600
Dette
St2072
Sachsenhausen
Riedbach
B11
Isar
Ergertshausen
Dorfen
St2070
Loisach
St2070
0
1 km

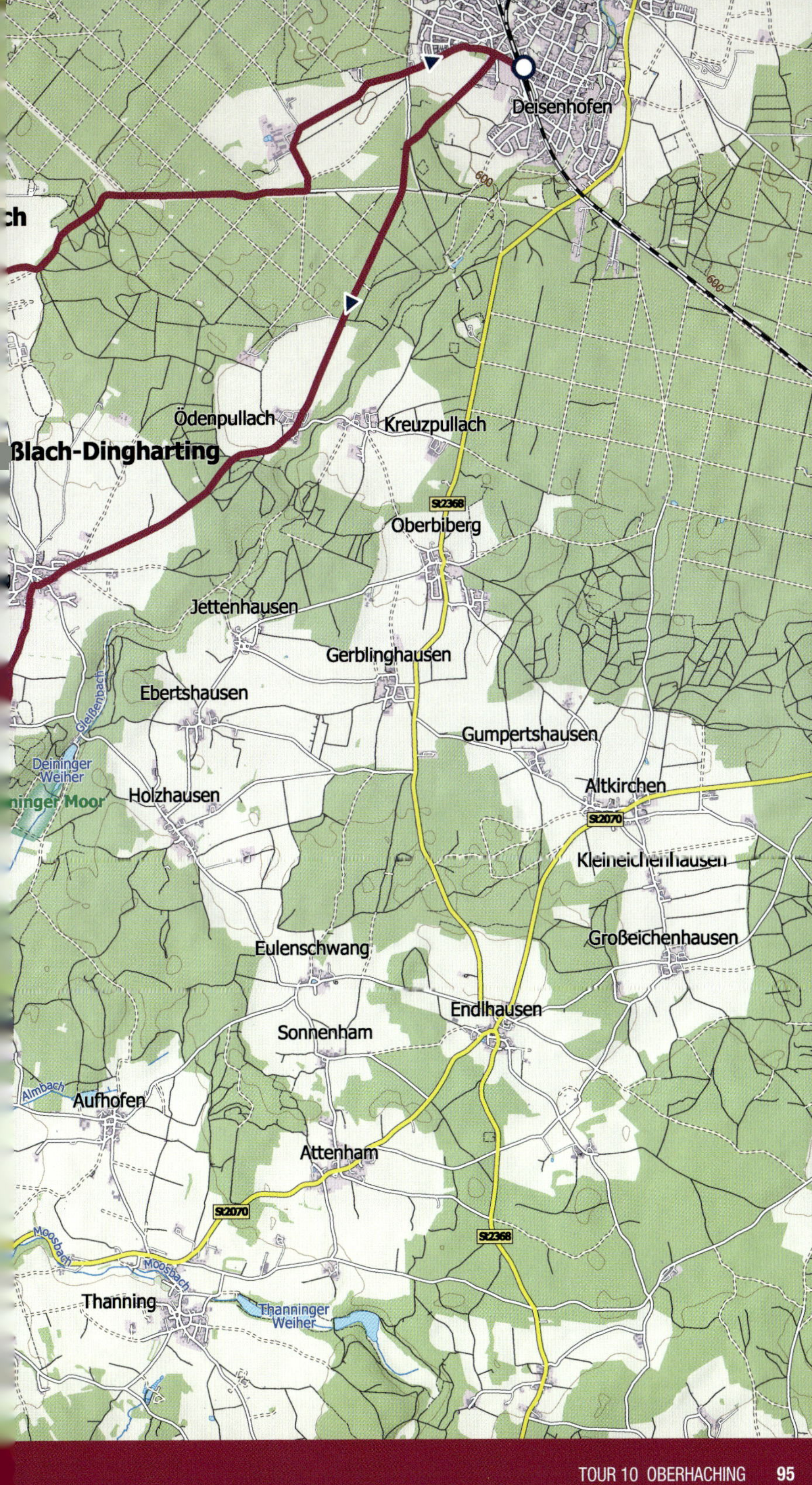
Deisenhofen
600
600
ch
Ödenpullach
Kreuzpullach
ßlach-Dingharting
St2368
Oberbiberg
Jettenhausen
Gerblinghausen
Ebertshausen
Gleißenbach
Gumpertshausen
Deininger Weiher
Altkirchen
Holzhausen
ninger Moor
St2070
Kleineichenhausen
Großeichenhausen
Eulenschwang
Endlhausen
Sonnenham
Almbach
Aufhofen
Attenham
St2070
St2368
Moosbach
Moosbach
Thanning
Thanninger Weiher

Die schönsten Kilometer ab

11 AYING

Start/Ziel

BAHNHOF AYING

Rundtour

38,5 Kilometer

254 Höhenmeter

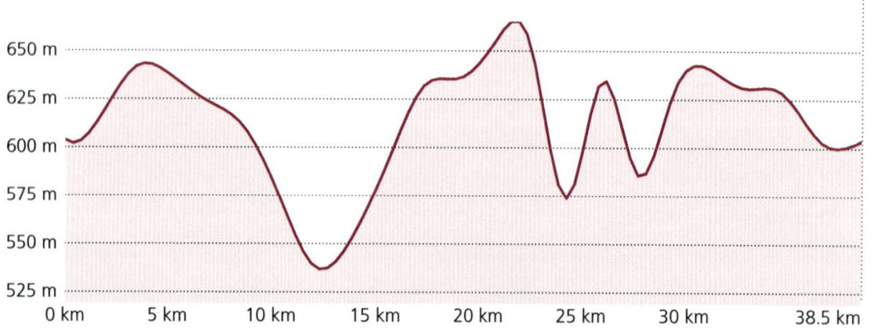

Am Mangfallknie.

Lassen wir heute mal die Muskeln spielen, den Stammtisch mal Stammtisch sein und genießen unser Bier in Aying. Dort starten wir zur rund 39-Kilometer-Tour mit urigen Wirtschaften nach Glonn ins Kupferbachtal. Hinauf geht's nach Spielberg und bei Aschach steil hinunter ins Tal der Mangfall. Hinauf auf den Bergrücken und wieder steil hinunter zur Mangfallbrücke am Höllenstein. Wieder oben radeln wir auf der Hochfläche nach Aying zurück.

Die Tour ist etwas Feines für sportliche Typen, die aber auch genießen können und Sinn für die Natur haben. Wir fahren fast alles auf asphaltierten Straßen und Wegen mit zum Teil heftigen Steigungen.

Der Parkplatz beim S-Bahnhof Aying ist unser Start- und Zielpunkt. Bei dem Wort Aying fällt so manchem Biergenießer das Ayinger Bier aus der Privatbrauerei Ayinger ein. Also besuchen wir gleich mal die Brauerei und radeln vom Bahnhof auf der Straße Am Bahnhof links hinauf zur Münchener Straße. Rechts sehen wir dann schon die Gebäude der Brauerei. Einen Besuch der Brauerei sollte man mit einer Führung verbinden, die von Freitag bis Sonntag angeboten wird. Weiter geht's auf der Münchner Straße in die Dorfmitte zur Kirche. Unterhalb von St. Andreas haben wir die Wahl zur Einkehr in das Ayinger Bräustüberl (Mo–Sa 11–23 Uhr, So + Feiertag 10–23 Uhr, Münchener Str. 2, 85653 Aying, www.ayinger-braeustueberl.de) mit Biergar-

St. Emmeram in Kleinhelfendorf.

ten oder in den Ayinger Brauereigasthof (Mo–So 12–17 Uhr +18–24 Uhr, Zornedinger Str. 2, 85653 Aying,www.august-und-maria.de).

Weit sind wir ja noch nicht gekommen. Die Zornedinger Straße bringt uns zum Lindacher Weg. Nach rechts führt der Weg zur Lambertuskapelle (ganz aus Holz gefertigt) gleich hinterm Waldrand. Danach wenden wir uns in den rechten Weg und radeln durch den Wald nach Kaltenbrunn. Links führt uns der Weg um den Scheeresberg herum nach Graß. Bei den ersten Häusern des Dorfes biegen wir rechts in das Sträßchen ein und fahren durch Wiesen und Wald an die Straße bei Neumünster. Wir wollen aber nach Münster und biegen daher links ab. Die Kirche fest im Blick geht's zum Haflhof (Do + Fr ab 18 Uhr, Sa + So ab 11.30 Uhr, Killistraße 6, 85658 Münster, www.haflhof.de), hinter der Kirche gelegen. Auf der Straße rollen wir nun über das Dörflein Kreuz mit der weithin sichtbaren Kirche Richtung Glonn.

Bei Reinstorf stoßen wir auf die Kreisstraße und folgen ihr in den Markt Glonn. Von der Kastenseestraße geht's nach rechts in die Hans-Brun-

Highlights
am Wegesrand

Aying
Mit Aying verbinde ich süffiges Bier, und das Ayinger Bräustüberl. In der Privatbrauerei Ayinger wird uns eine Führung mit Bierverköstigung angeboten. Einfach mitmachen. Gemütlicher geht's im Bräustüberl und im Biergarten, behütet von alten Bäumen zu, gleich neben der Dorfkirche.

BergTierPark
Über Wiesen, durch Wälder und vorbei an Tiergehegen gehen wir im Bergtierpark Blindham zu den mächtigen Auerochsen, den Hirschen mit ausladenden Geweihen, sehen Streifenhörnchen und in der Ferne die Berge im Voralpenland. Kinder toben sich im Spielstadl aus.

Wüstenschiffe
Im Mangfalltal begrüßen uns Kamele, Lamas, Pferde, Alpakas… Sie stehen auf dem bunten Kamelhof. Es macht sehr viel Spaß auf den Tieren zu reiten oder im Beduinenzelt dem Zauberer oder der Schwertshow zuzuschauen. Die Reittouren finden von Do–So statt.

ner-Straße und folgen dann der Wiesmühlstraße zum urig-bayerischen Wirtshaus an der Wiesmühle (Mi–Sa ab 17 Uhr, bei Badewetter ab 11 Uhr, So ab 11 Uhr, Reisenthalstr. 13, 85625 Glonn, www.wadw.de) hinab. Eine Stätte der Gemütlichkeit mit Naturbad, Biergarten und Restaurant. Weiter geht es durchs Tal des Kupferbaches nach Reisenthal. Dort radeln wir geradeaus auf dem unbefestigten Weg hinauf nach Spielberg und weiter bergauf nach Kaps und an die Kreisstraße. Hier heißt es rechts einbiegen und nach Kleinhelfendorf radeln. Der Flecken ist berühmt für seine beiden Kirchen: Die Marterkapelle und die barocke St.-Emmerams-Kirche. Der heilige Emmeram wurde im Jahre 652 in Kleinhelfendorf ermordet. Ihm zu Ehren stehen dort seit Mitte des 17. Jahrhunderts die beiden Kirchen. Na-

Der BergTierPark Blindham.

türlich gibt's hier auch ein Gasthaus. Mit einem „Servus, grias eich" werden wir im Gasthaus Oswald (Mo + Fr 11–14 Uhr + 17:30–23 Uhr, Sa + So 11–23 Uhr, Kleinhelfendorf 6, 85653 Aying, www.gasthaus-oswald.de) begrüßt.

Zurück zur Straße auf der wir kamen und rechts auf den befestigten Fahrweg zum BergTierPark Blindham (tgl. ab 9 Uhr, Blindham 3, 85653 Aying, www.bergtierpark.de). Dort führen uns schöne Wege an Streifenhörnchen, Auerochsen, Esel, Ziegen, Pferd und Rind vorbei zu den begehbaren Vogel- und Damwildgehegen und zu den gewaltigen Hirschen. Für Kinder gibt es einen Spielstadl.

Weiter geht's nach Aschbach. Wir queren die Staatsstraße und fahren in das Dörfchen hinein Richtung Schloss Altenburg. Das ist heute eine Klinik. Vor der Schlosszufahrt biegen wir rechts ab, steil hinunter ins Tal der Mangfall zum Gutshof Niederaltenburg mit einem schönen Brunnen an der Auffahrt. Im ehemaligen Landwirtschaftsbetrieb werden heute gute Umgangsformen gelehrt. Aus dem Tal steil hinauf führt uns das Sträßchen nach Kleinhöhenkirchen. Auf dem Bergrücken neben der Kirche

liegt die Mangfalltal-Alm (Do–So 10–18 Uhr, Gruber Str. 7, 83629 Weyarn, www.facebook.com/Mangfalltalalm) „Do is so richtig griabig und guad essn konnsd a“.

Auf der Gruber Straße rollen wir erstmal gemütlich dahin, dann haben wir hoffentlich gute Bremsen, um heil hinab zur Mangfallbrücke über der romantisch daherfließenden Mangfall zu gelangen sowie über eine gute Kondition, um den Höllenstein nach Grub hinaufzukommen. Oben begrüßen uns die Wüstenschiffe am Kamelhof. Dort leben neben Kamelen auch Lamas, Pferde, Alpakas, Esel und Ziegen. Besuchen können wir die Tiere nicht, aber nach Terminvereinbarung einen Reittermin buchen, bei den Bayern-Kamelen (Rosenheimer Straße, 83626 Grub/Valley, www.bayern-kamele.de).

Auf der Hochebene radeln wir nun Richtung Kreuzstraße. Hier endet die S-Bahnlinie S7 aus München. Der Bahnhof liegt links an der Römerstraße. Wir halten uns jedoch rechts nach Kleinkarolinenfeld. An der Kreuzung liegt der Bartewirt (Mo–So 11– 3 Uhr, Gruber Straße 1, 83626 Valley, www.barte-wirt.de), bei dem wir typische bayerische Spezialitäten serviert bekommen. Über Kleinkarolinienfeld zieht es sich dahin. Am Abzweig zur Römersiedlung biegen wir rechts ab und radeln über die Bahngleise nach Peiß zur Kirche. Am Parkplatz der Kirche halten wir uns links, queren die Staatsstraße und radeln nach Aying. Am Ortsanfang biegen wir links in den Behamweg ab und vor der Staatsstraße rechts zum Bahnhof von Aying. Gegenüber dem Bahnhof sehen wir die Gaststätte Kastanienhof (Di–Sa 11.30– 14.30 Uhr + 17–20 Uhr, So 11–20 Uhr, Bahnhofstraße 34, 85653 Aying, www.kastanienhof-aying.de). Zum krönenden Abschluss können wir hier ja nochmal einkehren, bevor wir den Heimweg antreten. Jedenfalls sind wir wieder an unserem Ausgangspunkt dem Parkplatz beim S-Bahnhof Aying angekommen. Hier hält die S-Bahn Linie S7 München-Kreuzstraße.

St2078
St2081
St2070
600
Aying
Peiß
Kalten
Römersiedlung
M9
Göggenhofen
Neugöggenhofen
St2078
Großhelfendorf
Kle
M8
Kleinkarolinenfeld
Hofoldinger Forst
Rau
Grubmühle
Kleinschwaig
Grub
Mangfall
600
Kreuzstraße
M84
M83
Niederalt
0
1 km

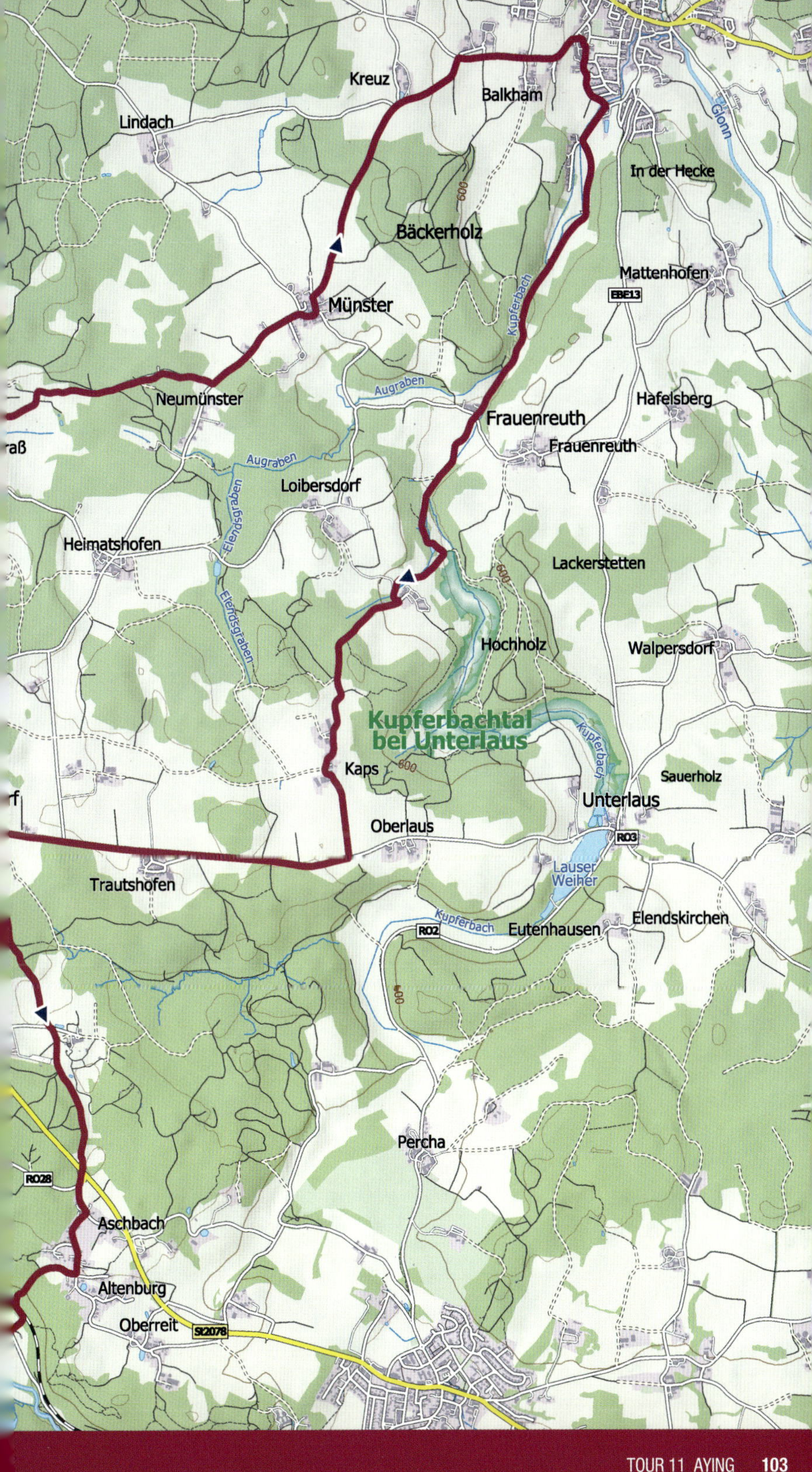
Kreuz
Balkham
Lindach
Glonn
In der Hecke
Bäckerholz
600
Mattenhofen
EBE13
Münster
Kupferbach
Augraben
Neumünster
Frauenreuth
Hafelsberg
Frauenreuth
raß
Augraben
Loibersdorf
Elendsgraben
Heimatshofen
Lackerstetten
600
Elendsgraben
Hochholz
Walpersdorf
Kupferbachtal
bei Unterlaus
Kupferbach
Kaps
600
Sauerholz
Unterlaus
Oberlaus
RO3
Lauser
Weiher
Trautshofen
Kupferbach
RO2
Eutenhausen
Elendskirchen
600
Percha
RO28
Aschbach
Altenburg
Oberreit
St2078

Die schönsten Kilometer ab

12 EBERSBERG

Start/Ziel

WALDFRIEDHOF FORSTINNING

Rundtour

38,2 Kilometer

136 Höhenmeter

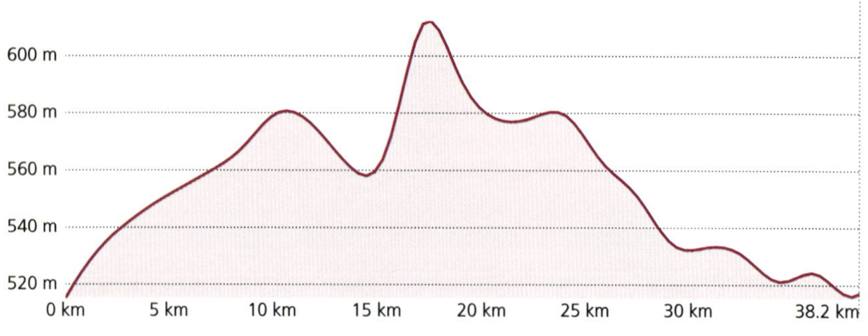

Weg im Ebersberger Forst.

Durch das Waldgebiet des Ebersberger Forstes geht's über Schotterwege zum Wirtshaus Sauschütt. Dann hinauf zur Ludwigshöhe über Ebersberg, wo wir vom Aussichtsturm bis zu den Alpen schauen können. Am Egglburger See geht's dann erneut bergauf in den Forst zur Köhlerei und über das Forsthaus/Gasthaus St. Hubertus zurück nach Forstinning.

Ziemlich alle Wege der Tour haben losen Untergrund und führen über kurze aber heftige Steigungen. Für kleine Radler aber nur bedingt geeignet. Die Sauschütt erreichen wir auch mit dem Auto.

Wir treffen uns auf dem Parkplatz beim Waldfriedhof von Forstinning, wo auch der Waldlehrpfad beginnt. Zum Schluss der Rundtour kommen wir hier wieder an. Aber jetzt mal los und rechts am Rand des Wäldchens entlang zur Wegkreuzung. Links biegen wir ein zur schönen Franziskuskapelle am Rande einer parkähnlichen Wiese. Auf schmalem Weg radeln wir in den Forst hinein und halten uns links bis an das Törring-Geräumt. Auf dem breiten Weg fahren wir nach rechts bis an die nächste Wegkreuzung. Da biegen links in das Rothsäuerl-Geräumt ein und kommen zum Hohenlindener Grenz-Geräumt. Hier wenden wir uns nach links und erreichen das Pürsch-Geräumt. Wir biegen rechts ein zur Waldgaststätte Sauschütt (Mi–So 10.30–22 Uhr, Sauschütt 1, 85664

Wildgehege bei der Hohenlindener Sauschütt.

Hohenlinden), das Highlight im Forst. Ein schöner Ort, an dem wir verweilen. Hier schlängelt sich auch ein toller Walderlebnispfad mit vielen Stationen rund um das Wildschwein- und Rothirschgehege durch den Wald und zum Helmetsmoos.

Die Hohenlindener Sauschütt wie auch die ältere Anzinger Sauschütt waren einst Futterstellen für das Schwarzwild und gleichzeitig Wohnung des Fütterers. 1818 wurde der Ebersberger Forst zum Wildpark erklärt und mit einem Eichenzaun umgeben, um die landwirtschaftlichen Schäden durch Wildschweine und äsendes Rotwild einzudämmen. Schon viel früher wurde der Forst wirtschaftlich genutzt. Um das Holz auch während des Winters schlagen und abführen zu können, wurden Wege in einem Raster von 400 x 400 Metern angelegt und bei Schnee „geräumt". So erklären sich die heutigen Wegenamen im Ebersberger Forst.

Auf dem Ludwig-Geräumt verlassen wir die Sauschütt Richtung Helmetsmoos immer geradeaus, bis wir zu einem Wanderparkplatz kommen. Dort folgen wir nun dem breiten Weg halb rechts zur Straße. Auf dem begleitenden Weg radeln wir Richtung Ebersberg hinauf bis zur Anzinger Straße beim Gewerbegebiet. Am Kreisverkehr biegen wir rechts ein und an der nächsten Straße links zum Parkplatz an der Tennisanlage. Gegenüber führt uns jetzt der Manfred-Bergmeister-Weg zum Aussichtsturm auf der Ludwigs-

Highlights
am Wegesrand

Rauch
Wenn wir im Wald Rauch riechen und die Schwaden durch die Bäume ziehen, dann hat Köhler Max Perfler seinen Kohlenmeiler unter Feuer. Er verkohlt lange gelagertes Buchenholz. Von Mai bis August geht er seiner rauchigen Leidenschaft nach. Er erzählt gerne von der Köhlerei.

Holzherrle
Im Museum Wald und Umwelt auf der Ludwigshöhe schauen wir uns die Holzbibliothek des Benediktinermönchs Candid Huber an. Das sind kleine hölzerne Bücher, Kästchen, mit den typischen Merkmalen von über 100 bayerischen Holzarten.

Sauschütt
Ein super Ausflugsziel für die Familie. Mit dem Radl um die Sauschütt sausen und die Wildschweine beobachten. Durch den Wald um die Waldgaststätte Sauschütt schlängelt sich ein Waldlehrpfad zum spannenden Fledermauspavillon. Unterwegs sehen wir nette Holzskulpturen, Baumscheiben-Rätsel und spaßige Spielstationen.

höhe über Ebersberg. Wenn wir die 169 Stufen bis zur Plattform aufsteigen bekommen wir eine fantastische Aussicht bis ins Allgäu geboten. In den Nächten von Sonn- und Feiertagen leuchtet der Turm. Unterhalb des Turmes erwartet uns die Ebersberger Alm (Mi–So 11–24 Uhr, Ludwigshöhe 3, 85560 Ebersberg, www.ebersberger-alm.de). Wir treten in die Gaststube ein, deren Mittelpunkt ein gemütlicher Kachelofen ist. Biergarten mit Alpenblick.

Daneben öffnet das Museum Wald und Umwelt (Sa, So + Feiertage 12–17 Uhr, Ludwigshöhe 2, 85560 Ebersberg, www.museumwaldundumwelt.de) für uns die Türen. Die Ausstellung erzählt uns die Geschichte der Waldnutzung und die Wechselwirkung von Umwelt und Wald. Eine Rarität der besonderen Art ist die Holzbibliothek des Benediktinermönchs Candid Huber, von seinen Zeitgenossen „Holzherrle“ genannt. Wir schauen auf ein Kompen-

Am Klostersee.

dium, hölzerne Bücher, von über 100 der „vorzüglichsten baierischen Holzarten“. Vor dem Museum gibt's den Sommer über Events für Kinder, z. B. das Jurten-Zauber-Camp.

Von der Ludwigshöhe geht's erstmal hinunter bis kurz vor den Klostersee. Die Straße Am Priel führt uns rechts oberhalb des Langweihers zum Eglburger See. Vor dem Ziegelhof führt rechts der Weg unter Bäumen an den Waldrand. Dort wenden wir uns nach links und radeln am Nordufer des Sees in den Wald hinauf. Am Querweg rechts und dann gleich links an das Hohenlindener Grenz-Geräumt. Wir wenden uns nach links und fahren an einem Teich vorbei bis an das Maurer-Geräumt. Rechts einbiegen und am Törring-Geräumt wieder rechts zum Forsthaus Diana, weiß getüncht mit grünen Fensterläden und rote Geranien vor den Fenstern. Wenn wir Holzkohlenfeuer riechen und den Rauch aufsteigen sehen, dann hat Köhler Max Perfler seinen Kohlenmeiler unter Feuer, Köhlerei Max Perfler (Reitöster Geräumt, 85661 Eglhartinger Forst, www.koehlerei-perfler.jimdofree.com). Das geschieht von Mai bis August. Schon das Schichten des Holzes und Abdecken mit Laub erfordert viel Erfahrung, erzählt

er uns. Der Max verkohlt Buchenholz in seinen Kohlenmeilern, das bereits zwei Jahre gelagert wurde. Echt interessanter Job und ein sehr seltener Beruf, die Köhlerei.

„Gerauchtes" hält sich zwar länger, aber wir trennen uns und radeln weiter durch das Törring-Geräumt bis zum Herdgassen-Geräumt und radeln nach rechts bis zur Linkskurve. Gleich dahinter biegen wir rechts zum Antoni-Weiher ab. Liegt etwas versteckt der romantische See mit seltenen Tieren. Ein herrliches Platzerl. Wir folgen dem breiten Weg bis zur Anzinger Straße. Links geht's nun ins Hohenlindener Grenz-Geräumt und zum Forsthaus St. Hubertus (Mi–So 11–20 Uhr, St. Hubertus 1, 85560 Ebersberg, www.forsthaushubertus.de). Mitten im Wald mit herrlichem Biergarten. Hier lassen wir uns nieder. Daneben das rustikale Salettl, einfach gemütlich. Hier spielt immer wieder mal die Musi.

Vom Forsthaus geht's jetzt quer durch den Ebersberger Forst Richtung Anzing. Erst radeln wir noch am Parkplatz beim Forsthaus vorbei zum Anzinger-Geräumt. Dann halten wir uns geradeaus und bleiben immer auf dem breiten Weg, bis das Oberaschbacher-Geräumt kreuzt. Wir biegen rechts ein, hier gibt es auch einen Parkplatz, und folgen dem Oberaschbacher-Geräumt bis an den Waldrand zum Schulze-Geräumt. Hier rechts abbiegen und am nächsten Geräumt links bis zum Pürsch-Geräumt radeln. Dort halten wir uns rechts und folgen dem Heilig-Kreuz-Geräumt links zum Hochstraß-Geräumt. Vom Hochstraß-Geräumt wenden wir uns nach links in das Schwaber-Haupt-Geräumt zum Wanderparkplatz in Schwaberwegen. An der Straße fahren wir nach rechts bis zum linksseitigen Abzweig des Rothsäuerl-Geräumt. Noch einmal links abbiegen und dem Viereichenweg zur Kiesgrube folgen. Der Weg vor der Kiesgrube führt uns rechts direkt zum Parkplatz beim Waldfriedhof von Forstinning zurück.

St2081
A 94
10 Anzing
Niederried
Heilig Kreuz
Schwaberwegen
Unterasbach
EBE5
St2080
Anzing
Oberasbach
Obelfing
St2081
Frotzhofen
Neukirchen
0
1 km

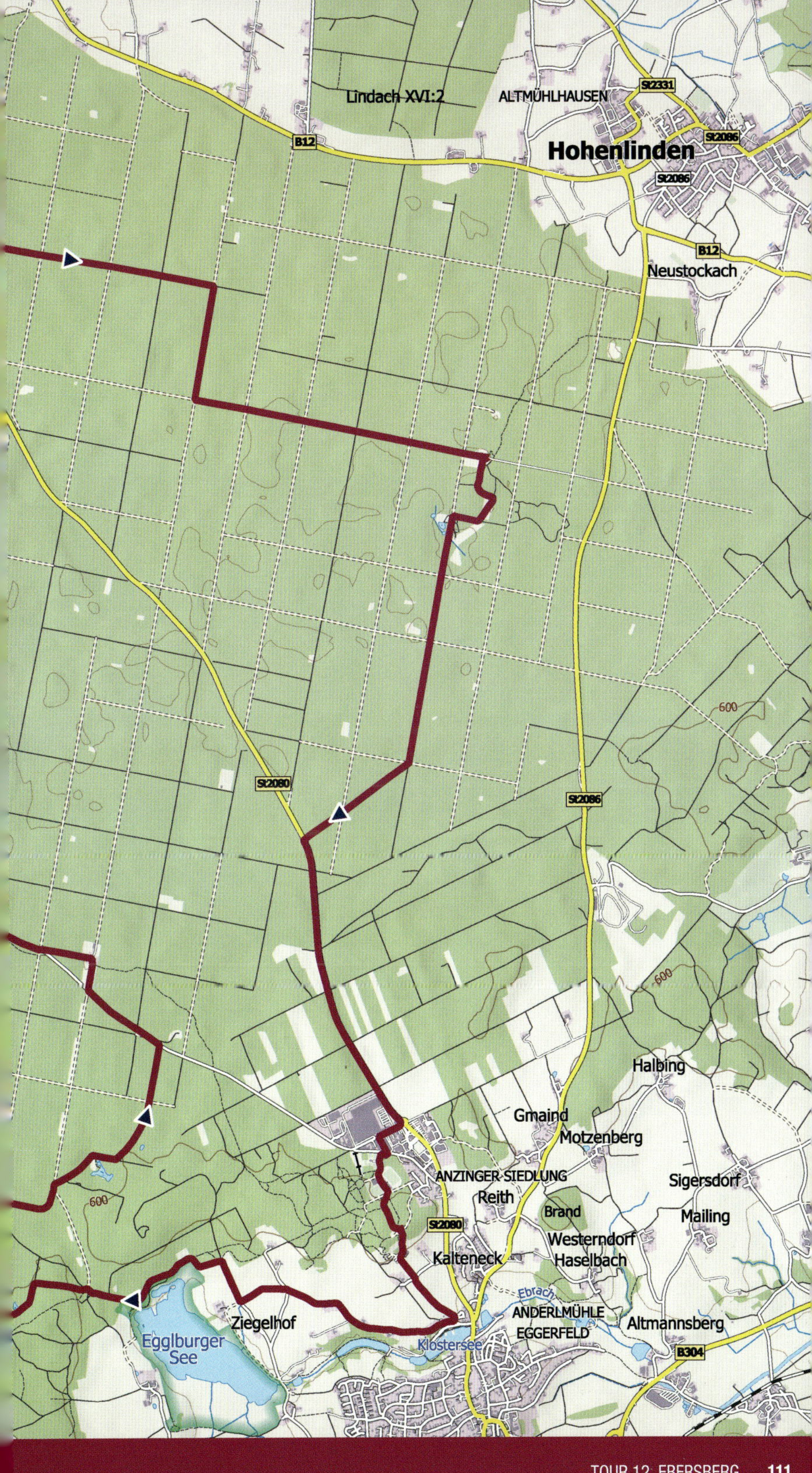
Lindach XVI:2
ALTMÜHLHAUSEN
Hohenlinden
St2331
St2086
B12
Neustockach
600
St2080
St2086
Halbing
Gmaind
Motzenberg
ANZINGER SIEDLUNG
Reith
Sigersdorf
Brand
Mailing
Westerndorf
Haselbach
Kalteneck
Ebrach
ANDERLMÜHLE
EGGERFELD
Altmannsberg
Ziegelhof
Egglburger See
Klostersee
B304

Ein schweifender Blick über Wasserburg am Inn.

Die schönsten Kilometer um

13 WASSERBURG AM INN

Start/Ziel

REITMEHRING

Rundtour

50 Kilometer

310 Höhenmeter

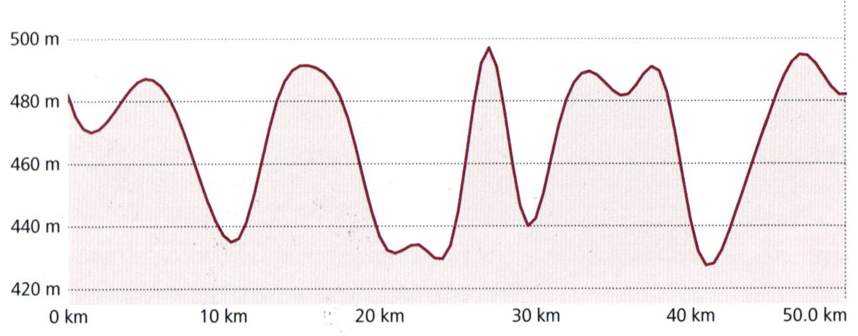

Wasserburg wird beinah vollständig vom Inn umflossen, die Altstadt liegt malerisch in der Flussschlaufe

Der Inn ist einer der mächtigsten Alpenflüsse und der größte Fluss des südostbayerischen Voralpenlandes. Als Handelsweg prägte er die Region über viele Jahrhunderte. Am Fluss entstanden Burgen, Klöster und wohlhabende Städte wie Wasserburg. Wir besuchen die in(n)teressantesten Plätze!

Eher sportliche Tour, da einige Höhenmeter überwunden werden müssen. Wer mag, kann ab Wasserburg den Radwegweisern zum Bahnhof Reitmehring folgen und dadurch die Runde um etwa 8 km verkürzen. Auch Stadtbusse verkehren regelmäßig zwischen dem Busbahnhof am ehemaligen Stadtbahnhof und dem Bahnhof Reitmehring.

Start und Ziel ist am Bahnhof Wasserburg im Ort Reitmehring. Reitmehring wird vom Milchwerk der Firma Meggle dominiert, die hier ihre Firmenzentrale hat. Zwischen dem Reitmehringer Bahnhof und einem Stadtbahnhof in Wasserburg verkehrten bis 1987 Dieseltriebwagen. In jenem Jahr wurde die „Wasserburger Stadtbahn" durch ein Hochwasser zerstört. Wir fahren gerade in die Bahnhofstraße, folgen an ihrem Ende einem Radweg nach rechts, begleiten die B 304 und überqueren mit ihr die B 15. Durch einen Tunnel wechseln wir die Straßenseite und halten uns links. Wir fahren nördlich am großen Gelände des Inn-Salzach-Klinikums vorbei und biegen beim Kreisverkehr rechts ab auf den Wasserburger Radrundweg, der ge-

Wasserburg am Inn: Blick durch die Färbergasse zur Burg.

meinsam mit dem Innradweg West über das Gelände des Inn-Salzach-Klinikums südwärts strebt. Hinter dem Sicherheitstrakt der psychiatrischen Klinik führt der Radweg bei einem Parkplatz rechts und gleich wieder links. Wir radeln über die ehemalige „Wasserburger Stadtbahn", links und rechts von unserem Schotterweg sind noch Gleise zu sehen. Ab dem Weiler Gern geht es bequem auf Asphalt südwärts. Über Reisach, Au, Kornberg und Limburg erreichen wir auf markierter Strecke das Kloster Attel. Auf dem Gelände der ehemaligen Benediktinerabtei befindet sich eine Einrichtung für Menschen mit Behinderungen. Wirf einen Blick in die Abteikirche St. Michael. Das barocke Gotteshaus wurde 1715 geweiht und in den folgenden Jahrzehnten im Stil des Rokokos aufwendig ausgestattet.

Auf dem Wasserburger Radrundweg rollen wir steil hinab ins Inntal. Am Hochwasserschutzdamm halten wir uns rechts und kommen zur Mündung des Flusses Attel in den Inn – ein fotogener Ort. Hier liegt das bei Ausflüglern beliebte Restaurant Fischerstüberl (tgl. 11–24 Uhr, www.fischerstueberlattel.de). Es geht anschließend unter der B15 hindurch und über den Fluss Ebrach. Direkt hinter der Brücke biegen wir ab nach „Atteltal Haus-Nr. 25–29". Über die als Jakobsweg markierte Strecke kürzen wir ein Stück des Wasserburger Radrundwegs ab. Bei Bruck überqueren wir die Attel und folgen wieder den Markierungen des Wasserburger Radrundwegs. Ab Anger strampeln wir steil bergan bis in den Ort Ramerberg. Hinter Maierbach treffen wir auf die Straße von Wasserburg nach Rosenheim. Wir nutzen den Straßenradweg zum Kloster Rott am Inn. Von herausragender kunsthistorischer Bedeutung ist die einstige Klosterkirche, heute Pfarrkirche. Davor lädt ein hübscher Rosengarten zum Verweilen ein.

Highlights
am Wegesrand

Km 19
Die Kirche St. Marinus und St. Anianus des ehemaligen Klosters Rott am Inn ist eines der schönsten Bauwerke des späten Rokokos in Bayern. Bestaune die Fresken der Kuppeln in den drei Zentralräumen und das reiche Stuckdekor. Am Hauptaltar, der auf einen Entwurf des berühmten Ignaz Günther zurückgeht, fällt besonders die Figur von Kaiser Heinrich II. auf, der ein Modell des Bamberger Doms in Händen hält. Gegenüber steht seine Gemahlin Kunigunde.

Bohnenröster
Tipp für einen richtig guten Kaffee: Den besten der Stadt gibt's in der Wasserburger Bohnenrösterei gegenüber vom Rathaus (www.wasserburger-bohnenroester.de).

Km 41
Die Altstadt von Wasserburg am Inn gehört zu den reizvollsten in Deutschland, obwohl Einheimische gern von der „nördlichsten Stadt Italiens" sprechen. Warum? Das findest du an einem lauen Sommerabend selbst heraus! Die bunten Häuser im Inn-Salzach-Stil mit ihren zahlreichen Cafés und Restaurants tragen sicherlich einen Teil zu diesem Flair bei.

Von Rott rollen wir Richtung Rosenheim mit 13% Gefälle talwärts und passen auf, dass wir den Abzweig der Lengdorfer Straße linker Hand nicht verpassen. Dort finden wir auch die Radwegmarkierung Wasserburger Radrundweg. In Lengdorf geht es über die Eisenbahn, dann radeln wir links entlang der Bundesstraße B 15 und biegen nach dem Restaurant Adria Grill rechts ab Richtung Unterwörn. An einer Brücke über die Rott gibt es mehrere Radwegmarkierungen: Wir folgen „Griesstätt 5,1 km". Auf dem Hochwasserdamm und durch die Innauen fahren wir etwa 3,5 km nordwärts. Kurz vor einer Straße führt der Radweg nach rechts und unter der Straße hindurch. Nach der Brücke über den Inn fahren wir links durch den Wald, leicht bergan zu einem Feldkreuz und auf die Umgehungsstraße von Griesstätt zu. Unter dieser Straße hindurch führt uns der Innradweg Ost in die Ortsmit-

Die Inn-Salzach-Architektur prägt beinah die ganze Stadt.

te von Griesstätt. Dort lohnt ein Blick in die Pfarrkirche St. Johann Baptist. In der spätgotischen Kirche, die im 19. Jh. stark verändert wurde, gibt es eine Kreuzigungsgruppe aus der Werkstatt Ignaz Günthers. Neben der Kirche, beim Café, fällt ein stattliches Kriegerdenkmal mit dem Bildnis König Ludwigs II. ins Auge. Von dort folgen wir dem markierten Radweg, der uns nach Norden aus Griesstätt hinausführt.

Bald folgen wir dem Radweg entlang der viel befahrenen Straße Richtung Wasserburg. Vor der Senke zweigt links die Straße zum ehemaligen Dominikanerinnenkloster Altenhohenau ab, es dient heute als internationale christliche Tagungsstätte. Die von Ignaz Günther gestaltete Kirche St. Peter und Paul gilt wie die Rotter Klosterkirche als eine der schönsten Rokoko-Kirchen Bayerns. Zur bemerkenswerten Ausstattung zählen neben Günthers Hochaltar verschiedene von ihm geschaffene Figuren sowie ein sogenanntes Gabelkreuz aus dem 14. Jh., das gegenüber der Kanzel hängt. In einem gläsernen Schrein aus dem 18. Jh. wird das „Kolumba-Jesulein" aufbewahrt, eine gotische Schnitzfigur, die dem unbekannten „Meister von Seeon" zugeschrieben wird. Zurück an der Hauptstraße folgen wir dem Straßenradweg und biegen am beginnenden Anstieg rechts ab nach Laiming. Wir strampeln bergan und kommen über Kerschdorf nach Spielberg. Dort machen wir einen Abstecher

zum beschilderten Aussichtspunkt. Anschließend geht es kerzengerade nordwärts bis zu einer T-Kreuzung und links zu Dirneckers Hofcafé und -laden (www.dirneckers-hofcafe.de). Von der T-Kreuzung folgen wir der Radwegbeschilderung Richtung Hafenham. Am Stoppschild streben wir geradeaus nach „Bachmehring 1,0 km (Umfahrung Wasserburg)“. Nach einer S-Kurve, vorbei an einem großen Sägewerk, überqueren wir eine Straße und fahren Richtung Weikertsham. Hinter einem zweiten, kleineren Sägewerk finden wir wieder eine Radwegbeschilderung. In Weikertsham radeln wir am kleinen Schloss vorbei bergan – nicht auf dem Radweg „Von Baum zu Baum“ vorm Schloss links! An einem Vorfahrtsschild vertrauen wir dem ungewöhnlichen Radwegweiser, der uns in einer Schlaufe unter der großen Straße hindurchführt. Wir halten uns links und kommen zur Schönen Aussicht beim Huberwirt am Kellerberg. Nachdem wir das großartige Panorama auf Wasserburg am Inn in uns aufgenommen haben, ist es Zeit für einen Stadtbummel. Die Altstadt von Wasserburg am Inn findest du sicher ohne Beschreibung. Gehe am besten zur Tourist Info im Rathaus und hole dir dort einen kostenlosen Stadtplan und weitere Infos für den Altstadtrundgang.

Nach unserer Pause in Wasserburg radeln wir auf dem Inn-Damm, der von einem Skulpturenweg gesäumt wird, bis zur Schiffleut-Kapelle Maria Rast. Ab da folgen wir weiter dem Innradweg West bis zur gotischen Filialkirche Zell. Allein schon ihre Lage macht die Kirche sehenswert, doch auch die Ausstattung ist recht wertvoll. Leider fehlte in den letzten Jahren das Geld für eine dringend notwendige Renovierung. Hinter Zell verlassen wir das Inntal, fahren kurz und knackig bergauf nach Graben, überqueren die B 15 und folgen der Radwegbeschilderung Richtung Albaching. An einem hölzernen Bushäuschen vorbei fahren wir nach Grasweg und dort weiter Richtung Hirschpoint. Direkt vor der Eisenbahn biegen wir links ab. Entlang der Gleise kommen wir zum Bahnhof Reitmehring.

Forsting
Ebrach
Ebrach
B304
Hochmoo
Kessel
Kesselse
Springlbach
Springlbach
Pfaffing
Edling
Ebrach
Staudha
Kiesgru
Viehhause
Kiesgrube
Zellbach
Attel
Attel
Rettenbach
Lehen
Att
Ramerberg
Katzbach
Katzbach
Aubach
Vogelfrei
Innstau
bei Attel
Freiha
B15
Rabenbach
Inn
St2079
Attel
St2079
Aubach
Rott
Rott am Inn
Rabenbach
Murn
Rabenbach
0
1 km

Bärnham
Babensham
Penzing
Mühlbach
St2092
St2357
WASSERBURG AM INN
Inn
B304
St2359
Inn
ehring
B15
Mühlbach
St2092
Bachmehring
Eiselfing
St2092
Eiselfinger See
Inn
Alteiselfing
Murn
Murner Filz
St2359
Laimbach
St2092
Murn
Laimbach
Zillhamer Ach
Griesstätt
Schonstett
Zillhamer See
St2079
St2092
Murn
Zillhamer Achen

Die schönsten Kilometer ab

14 SCHNAITSEE

Start/Ziel

DORFZENTRUM SCHNAITSEE

Rundtour

29,4 Kilometer

200 Höhenmeter

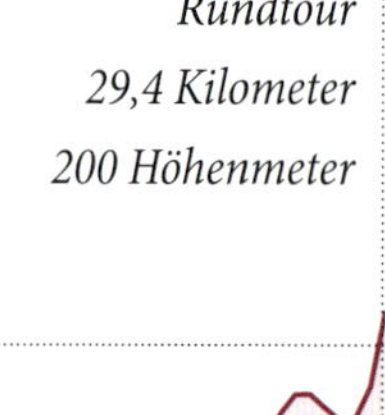

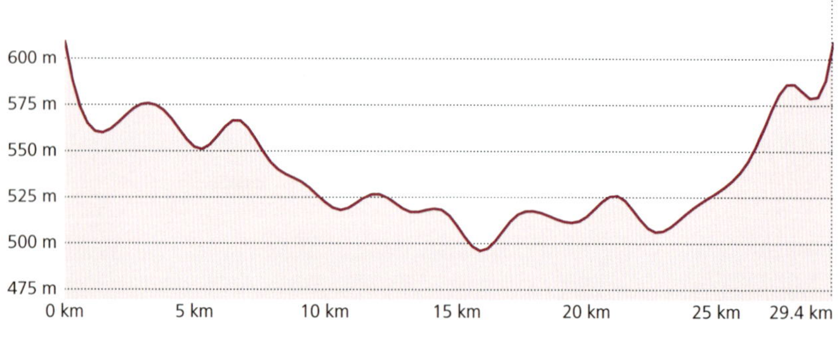

Herbst in Schnaitsee, dem Start unserer Tour.

Der Fisch Kare ist eine Institution. Ganz im Norden des Chiemgaus, abseits der bekannten Urlaubsziele versteckt sich die urige Fischerhütte in einem tiefen Tal der Altmoränenlandschaft. In dieser Gegend scheint die Welt noch in Ordnung. Auf zur Bauernhof-Safari!

Trotz 200 Höhenmetern Auf- und Abfahrten eine vergleichsweise leichte Runde, die als Halbtages- oder Tagestour selbst für Kinder geeignet ist. Die Straßen und Wege sind durchweg anhängertauglich.

Schnaitsee gilt als „nördlichste Bastion" des Chiemgaus und in der Tat überblickt man dort weite Teile der Kulturlandschaft bis hin zu den Chiemgauer Alpen. Die Panoramalage in mehr als 600 m Höhe verdankt Schnaitsee der vorletzten Eiszeit. Diese endete vor etwa 130.000 Jahren. Das Gletschereis türmte den von den Alpen herantransportierten Gesteinsschutt mehrere Hundert Meter hoch auf. So entstanden die Altmoränen. Nur der nördlichste Teil des Chiemgaus liegt im Altmoränengebiet. Der weitaus größere südliche Teil wurde durch die letzte Eiszeit gestaltet, die vor etwa 10.000 Jahren vorbei war. Das Jungmoränengebiet hat sanftere Hügel und weniger tiefe Täler als die Altmoränenlandschaft. Die Unterschiede spürst du manches Mal in den Pedalen.

Musst du da einkehren? Klar, denn der Fisch-Kare hat Kultstatus!

Wir beginnen die Landpartie durch die Altmoränenlandschaft in der Dorfmitte von Schnaitsee auf dem Platz vor der Pfarrkirche Mariä Himmelfahrt. Die ursprünglich gotische Kirche gilt als das früheste barockisierte Gotteshaus im Landkreis Traunstein. Wir folgen der Hauptstraße Richtung Trostberg und nutzen den Radweg Bauernhofsafari. Bei der Raiffeisenbank folgen wir der Radwegbeschilderung Richtung Obing. Am Ortsausgang führt uns der Radweg nach rechts in die Fahrnbichlstraße, dann folgen wir ihm für längere Zeit in südöstliche Richtung. Bei einem Tankgaslager wechselt der Untergrund von Asphalt zu Schotter. Achte kurz darauf auf die alte Feldkapelle, die seit einigen Jahren verfällt. Wo der Asphalt wieder beginnt, liegt rechts im Feld ein auffälliger Stein. Der große Findling ist ein Beweis, dass die Eiszeit die Landschaft prägte. An den folgenden Kreuzungen bleiben wir immer auf der Bauernhofsafari Richtung Emertsham.

Bei Kirchstätt können wir die frei stehende Magdalenenkirche nicht übersehen. Sie ist eines der ältesten Gotteshäuser in der Diözese München-Freising. Ihr Turm stammt aus dem 12. Jh., das Langhaus und der Chor wurden im 15. Jh. erbaut. Der Hochaltar beherbergte früher zwei geschnitzte Figuren: die heilige Magdalena und Jesus in einer seltenen Darstellung als Gärtner mit einem großen Schlapphut. Die Figuren wurden bei zwei Diebstahlserien Ende der 1960er und Anfang der 1970er Jahre entwendet und sind bis heute nie wieder aufgetaucht. Anfang des 18. Jh. sollte die Magdalenenkirche abgerissen werden, der damalige Pfarrer verhinderte es.

Highlights
am Wegesrand

653 m
über dem Meeresspiegel liegt der Schnaitseer Ortsteil Obernhof, in dessen Nähe sich der weithin sichtbare Funkturm und die Aussichtsplattform befinden. Damit ist Obernhof die höchstgelegene Siedlung im gesamten bayerischen Voralpenland.

Km 15,6
Beim Fisch Kare gibt's nur eines: Fisch. Und natürlich gut gekühlte Getränke, wie es sich für ein traditionelles bayerisches Lokal mit Biergarten gehört. Ob draußen an den Fischteichen oder drinnen in der urigen Hütte: Es geht zu wie in alten Zeiten.

43 km
fließt der Mörnbach, der das Wasser für die Fischteiche vom Fisch Kare liefert, von seiner Quelle bei Schnaitsee bis zu seiner Mündung in den Inn bei Neuötting. Damit ist er einer der längsten Bäche Bayerns.

Vor der Magdalenenkirche folgen wir der Straßenbeschilderung nach Holzhausen, dort orientieren wir uns links („Emertsham 4,2 km“). Wir vertrauen den Straßenschildern nach Thurmbau und Mauern. In Mauern ist die hübsche Hofkapelle beachtenswert. Von Mauern fahren wir laut Radwegschild noch 2,9 km bis Emertsham. Der Radweg Energietour trifft bei der Kirche St. Vitus auf die Hauptstraße, wir folgen ihr nach links und biegen am Ortsende rechts ab Richtung Engelsberg. Bei einem einzeln stehenden Baum mit Feldkreuz und Ruhebank geht es links Richtung Mussen. Nun führen uns die Radwegzeichen der Energietour nordwärts. In Fellern radeln wir links um die Gebäude herum und erreichen alsbald die Straße TS 20. Dort geht es geradeaus Richtung Urthal – die Hinweisschilder auf den Fisch Kare sind eindeutig (geöffnet in der Regel Fr–So, am besten nachsehen auf: www.facebook.com/ZumFischKare). Die urigen Gasträumen sind mit allerlei Krimskrams „geschmückt“. Nicht selten gehen hier „merkwürdige“ Gestalten mit langen Bärten und Lederhosen ein und aus. In der einzigartigen Atmosphäre wird es so schnell nicht

Teilweise 800 Jahre alt: Die Magdalenenkirche gilt als eines der ältesten Gotteshäuser der Region.

langweilig. Wer lieber draußen im Biergarten sitzen und das bunte Treiben beobachten will, sollte im Sommer unbedingt Mückenschutzmittel dabei haben: Die Fische fressen scheinbar nicht alle Mückenlarven.

Gut gestärkt und gut gelaunt verlassen wir das Urthal nordwärts. Beim Vorfahrtsschild verabschieden wir uns von der „Energietour“, radeln nach links leicht bergan, an einer Biogasanlage vorbei westwärts und ignorieren abzweigende Straßen und Wege, bis wir eine breitere Straße erreichen. Auf dieser geht es nach links, vorbei am Zehnthof, bergab. Vor einer Brücke biegen wir rechts ab Richtung Eck und Aigner. Wir fahren an beiden Weilern vorbei, ebenso am auffälligen Vierseithof Moos. Beim Anwesen Weg – siehe Bild auf Seite 72 – folgen wir dem Radwegzeichen nordwärts. An der nächsten Hauptkreuzung orientieren wir uns an der Radwegbeschilderung „Waldhausen 3,9 km/Schnaitsee 9,0 km“. Weshalb der Radweg Weitblicktour heißt, nehmen wir auf der Fahrt nach Waldhausen wahr: Bei klarer Luft reicht der Blick über die Altmoränenlandschaft bis zu den Alpen.

Im hübschen Ort Waldhausen gibt es einen Dorfladen. Die Pfarrkirche St. Martin ist noch jung: Sie wurde erst 1950 eingeweiht. Eine Vorgängerkirche

wurde nach dem Zweiten Weltkrieg abgerissen, da sie nicht genug Platz bot, denn in Waldhausen ließen sich viele Kriegsflüchtlinge nieder. Vor der Kirche St. Martin führt unser Radweg in die Pfarrhofstraße. Am Pfarrhof vorbei, durch ein kleines Wohngebiet, dann am Vorfahrtsschild links und immer weiter Richtung Schnaitsee: Dank der Radwegbeschilderung können wir uns nicht verfahren. Am Ortsrand Schnaitsee folgen wir dem Berghamer Weg bis zur Ortsmitte, wo sich das Griechische Restaurant für eine Schlusseinkehr anbieten, sofern du nach dem Fischgenuss schon wieder Hunger hast. Der Grieche schenkt auch das lokale Baderbräu-Bier aus. Wohl bekomms!

Wenn du Lust und Zeit hast, solltest du noch einen Abstecher zur Aussichtsplattform am Fernsehturm Schnaitsee unternehmen. Von dort kannst du bei schönem Wetter ein herrliches Alpenpanorama genießen. So findest du hin: Achte auf der Strecke von Waldhausen nach Schnaitsee auf den Abzweig nach Kolbing (nach 27,5 km Wegstrecke ab Tourenstart). Ein paar Meter nach diesem Abzweig führt ein nicht asphaltierter Weg nach rechts. Du erkennst bereits die Dächer von Hermannstetten. Von dort fährst du nach Oberndorf und kannst die Aussichtsplattform nicht übersehen. Zurück nach Schnaitsee gelangst du über die Straße, die neben der Aussichtsplattform verläuft.

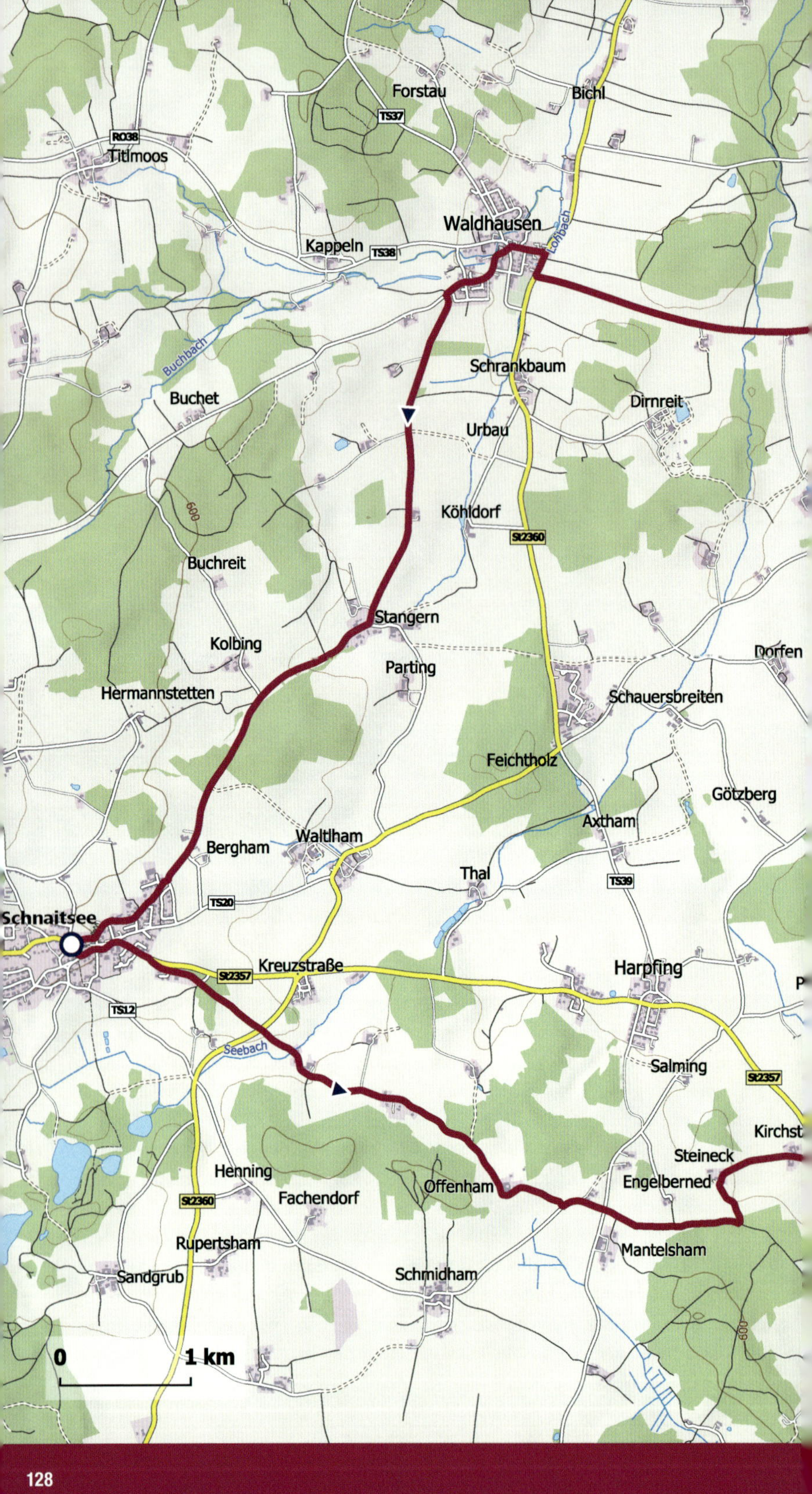
Forstau
Bichl
TS37
RO38
Titlmoos
Waldhausen
Lohbach
Kappeln
TS38
Buchbach
Schrankbaum
Buchet
Dirnreit
Urbau
600
Köhldorf
St2360
Buchreit
Stangern
Kolbing
Parting
Dorfen
Hermannstetten
Schauersbreiten
Feichtholz
Götzberg
Axtham
Waltlham
Bergham
Thal
TS39
TS20
Schnaitsee
Kreuzstraße
St2357
Harpfing
TS12
Seebach
Salming
St2357
Kirchst
Steineck
Henning
Engelberned
Offenham
Fachendorf
St2360
Mantelsham
Rupertsham
Schmidham
Sandgrub
600
0
1 km

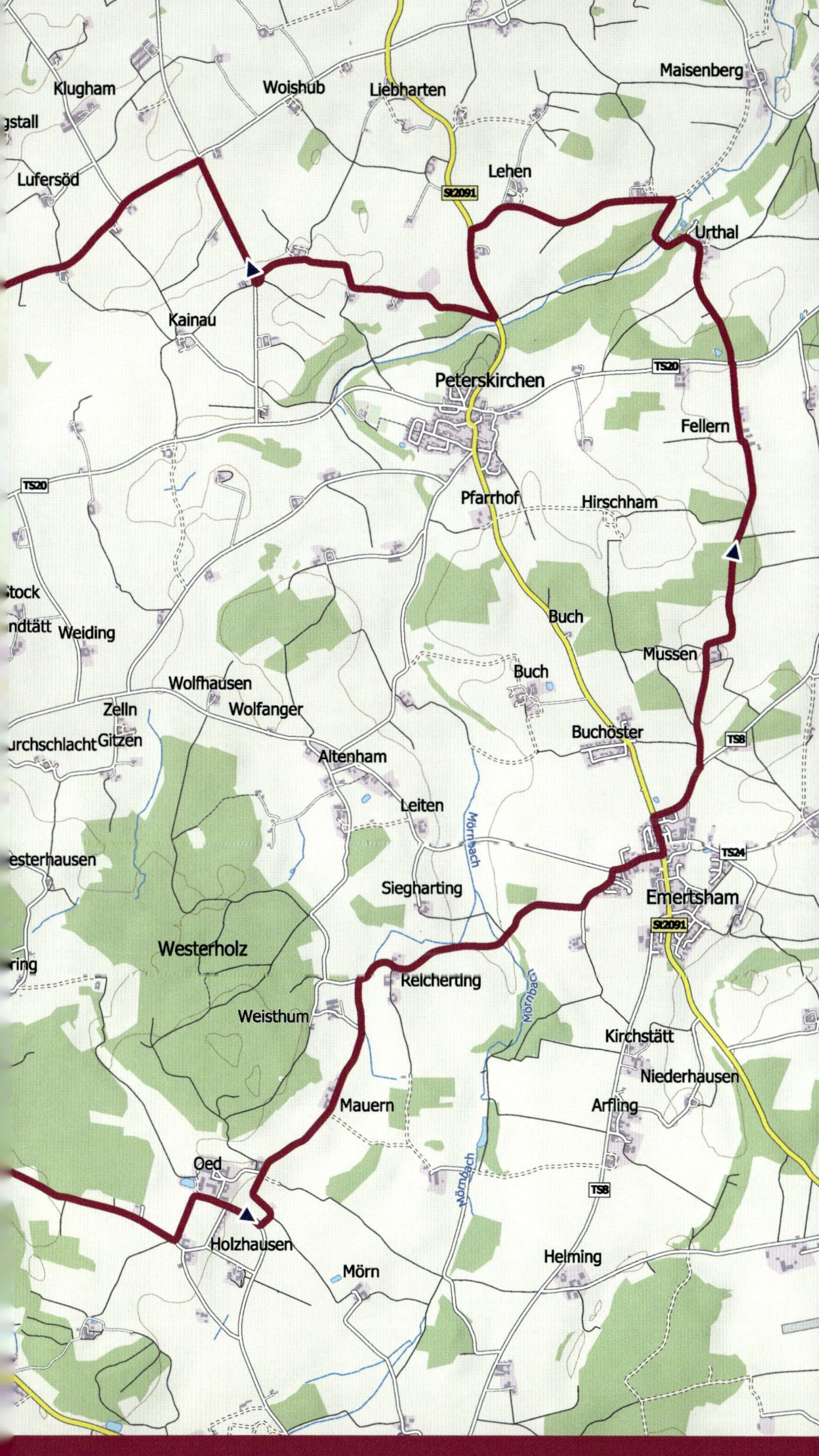
Klugham
Woishub
Liebharten
Maisenberg
Lufersöd
Lehen
St2091
Urthal
Kainau
Peterskirchen
TS20
Fellern
Pfarrhof
Hirschham
Weiding
Buch
Mussen
Wolfhausen
Zelln
Wolfanger
Gitzen
Buchöster
Altenham
TS8
Leiten
Mörnbach
TS24
Siegharting
Emertsham
Westerholz
Reicherting
Weisthum
Kirchstätt
Niederhausen
Mauern
Arfling
Oed
Holzhausen
Mörn
Helming

Die schönsten Kilometer ab

15 BAD ENDORF

Start/Ziel

BAD ENDORF

Rundtour

41,5 Kilometer

260 Höhenmeter

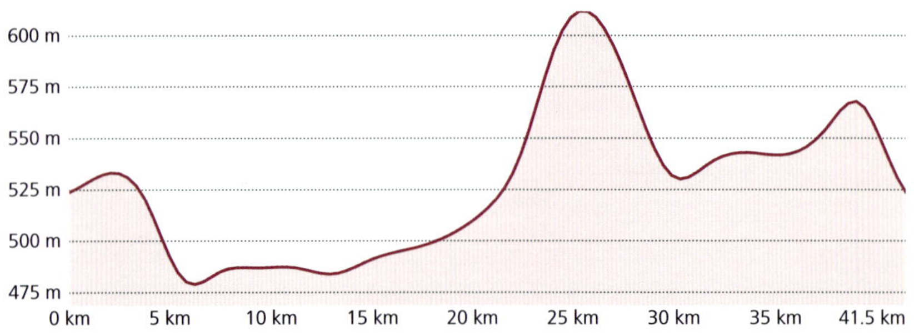

Überraschender Ausblick: Die Kirche St. Nikolaus in Höslwang, dahinter die Kampenwand.

Vor etwa 150 Jahren brachte das neue Verkehrsmittel Eisenbahn die Menschen aus den Städten aufs Land – der Fremdenverkehr war geboren. Saubere Luft, klares Wasser, erholsame Ruhe: Die Sommerfrische war der Ausgleich zum Stadtalltag des beginnenden Industriezeitalters. Stell dir vor, es wäre damals …

Eine leichte Tagestour, die sich durchaus für Familien mit größeren Kindern eignet. Dank abwechselnder kultureller und kulinarischer Highlights wird es nicht langweilig. Badesachen nicht vergessen!

Mit der Eisenbahn kommen wir am Bahnhof Bad Endorf an. Vor 20 Jahren, 1860, wurde die Strecke zwischen München und Salzburg eröffnet. Die Feierlichkeiten unter Anwesenheit des bayerischen Königs Maximilian II. und des habsburgischen Kaisers Franz Joseph dauerten drei Tage an. Gegenüber vom Bahnhof steht das große Bahnhofsrestaurant im Stil der Zeit, das Generationen später griechische Spezialitäten serviert. Auf deinem Drahtesel radeln wir nordwärts. Die Bahnhofsstraße wird bald dicht bebaut sein – noch stehen nur ein paar Häuser. Bis zur Pfarrkirche St. Jakobus begegnen uns zwei Pferdefuhrwerke und ein Ochsenkarren. Vor 25 Jahren, das war 1855, wurde die barocke Kirche neu errichtet. Von der älteren Kirche blieb nur der Turm

Der um 1725 erbaute Bernöderhof aus Waldhausen im Landkreis Traunstein hat im Bauernhausmuseum Amerang eine neue Heimat gefunden.

erhalten. Hinter der Kirche schlagen wir den Weg nach Rosenheim ein und blickst übers Land …

Kaum zu glauben, dass Bad Endorf wirklich mal ein Dorf war, wie es der Name verspricht. Selbst die Eisenbahn nach Obing gab es im späten 19. Jh. noch nicht, und damit auch nicht die Bahnbrücke über die Rosenheimer Straße. Am Parkplatz vor dieser Brücke biegen wir rechts ab, treten bergan, überqueren die Gleise und fahren Richtung Nordwesten bis zu einer Straße. Dort geht es nach links: Wir befinden uns auf dem Wasserburger Radrundweg, dem wir durch den Bad Endorfer Ortsteil Landing weiter folgen. Nach Passage der Anwesen Anzing und Engling zweigt der Wasserburger Radrundweg links ab – wir fahren jedoch geradeaus. Die gut ausgebaute Straße führt uns bis an den Ortsrand von Söchtenau. Kurz nach den Sportplätzen biegen wir links ab in die Lagerhausstraße, auf der wir bis zum Vorfahrtsschild fahren. Wir zweigen rechts ab und kommen zur Kirche St. Margaretha. Das Gotteshaus soll wesentlich älter sein, als sein überwiegend barockes Erscheinungsbild vermuten lässt. Unweit der Kirche gibt es ein Gasthaus. Von der Hauptstraße biegen wir nördlich der Kirche in die Schulstraße ab und fahren leicht bergan nach Haid. An der abbiegenden Hauptstraße im Ort treffen wir auf die Markierung Wasserburger Radrundweg und folgen ihr nach Rothmoos. Hier wird seit ungefähr 100 Jahren das Rothmooser Bier gebraut, eine lokale Spezialität. Damals wurde pro Kopf weitaus mehr Bier konsumiert als heute. Historische Reiseführer empfehlen Sommerfrischlern gern eine Maß, egal ob sie zu Fuß oder mit dem Rad unterwegs sind. Im Hinblick auf die Straßenverkehrsordnung können wir solche Tipps heutzutage nicht mehr geben. Aber vielleicht kaufst du dir eine Flasche Rothmooser für nach der Tour.

Highlights

am Wegesrand

Km 34,4

Der idyllische Hartsee ist einer von 17 Seen im Naturschutzgebiet Eggstätt-Hemhofer Seenplatte und verfügt über eine gepflegte öffentliche Badestelle mit Liegewiese, Spielplatz, Imbiss und Restaurant. Die Seen sind Relikte der letzten Eiszeit: Nach dem Rückzug der Gletscher blieb eine besondere Landschaft zurück (www.eiszeitseen.de).

Km 20,9

Das Bauernhausmuseum Amerang beschäftigt sich mit dem historischen ländlichen Alltag des Chiemgaus und des Rupertiwinkels. Besucher erleben originale Bauernhäuser inmitten von Gärten und Streuobstwiesen sowie historische Werkstätten. Ein Gasthaus lädt zur Einkehr ein. Im Dezember gibt es einen Adventsmarkt.

Crafteys

nennt Klaus Neumeyer aus Amerang sein hausgemachtes Eis. Das unvergleichlich leckere Gelato Bavarese wird stilecht gestrichen statt gekugelt. Der Autor sagt: „Wem es nicht schmeckt, der ist nicht länger mein Freund!“ (Eisdiele: Frabertshamer Straße 1, Amerang, www.crafteys.de).

Wir folgen dem Wasserburger Radrundweg über Sonnendorf und Gunzenham bis Schonstett. An der Umgehungsstraße von Schonstett treffen wir auf einen Verkaufsstand für Hofprodukte. Im Ort locken auch ein Dorfladen und ein Gasthof. Kulturhistorisch interessant ist das ehemalige Wasserschloss mit kleinem Schlosspark. Das gotische Turmschloss war ursprünglich von einem Wassergraben umgeben. Die Besitzer des Schlosses wechselten oft. Seit den 1970er Jahren gehört das Gebäude dem Caritas-Verband der Erzdiözese München-Freising und ist Wohneinrichtung für Menschen mit Behinderungen. Auf der Halfinger Straße, vorbei am Gasthof zur Post, verlassen wir Schonstett. Wir überqueren die Umgehungsstraße Richtung Schwöll, kreuzen die Staatsstraße St 2092 und gelangen durch Rieperting nach Zillham. Dort gibt es neben dem Hofladen und Café Finkennest einen weiteren kulinarischen Tipp: Die Pastamanufaktur Pasta fino produziert und verkauft frische Ravioli und Gnocchi sowie getrocknete Pasta und hausge-

Weites schönes Land: Unterwegs nördlich von Söchtenau.

machte traditionelle Nudelsaucen (Mo–Fr, Onlineshop: www.pastafino.bayern). Last but not least: Am Hof Zillham 5A steht ein Selbstbedienungsautomat für Hofprodukte und Getränke.

Nachdem wir Zillham verlassen haben, halten wir uns bei nächster Gelegenheit rechts und radeln ostwärts zwischen Ameranger See und Zillhamer See bis zum Parkplatz, an dem die Rundwege durchs Halfinger Moos beginnen. Hier bitte Rücksicht darauf nehmen, dass sie Spazierwege sind. Es geht weiter nach Ullerting, wo wir nach einer ansteigenden Rechtskurve im Ort links abbiegen. Am Vorfahrtsschild in Sichtweite des Ortsschilds Amerang fahren wir links und beim grünen Schild „Pamering“ rechts: Der Schotterweg führt uns zur Hauptstraße. Wir folgen ihr nach links und kommen zum Bauernhausmuseum Amerang (Juni–Nov. Di–So 10–17 Uhr, www.bhm-amerang.de).

Nach dem Besuch des Bauernhausmuseums fahren wir südwärts bis zur Ortsmitte von Amerang. Dort gibt es einige alte oder nach historischen Vorbildern neu erbaute Bürger- und Bauernhäuser. Ein sehenswertes vermeintlich altes Gasthaus ist der „Wirth von Amerang“,

allerdings wurde die urige Atmosphäre erst neuzeitlich geschaffen. Vom Wirtshaus radeln wir am Edeka-Markt vorbei zum Bahnhof der Museumseisenbahn (www.chiemgauer-lokalbahn.com). Die historischen Dieseltriebwagen des „Leo“ verkehren hauptsächlich an Sommerwochenenden zwischen Bad Endorf und Obing. Hin und wieder kommen auch Sonderzüge mit Dampflokomotiven auf die Strecke. Hinterm Bahnübergang halten wir uns bergan zum Schloss Amerang – wir befinden uns zugleich auf dem Benediktweg und dem Mozart-Radweg. Das hübsche Schloss Amerang ist in Privatbesitz und kann nur gelegentlich bei Führungen und Veranstaltungen besichtigt werden. Unterhalb befindet sich ein großes Arboretum, das in den letzten Jahren leider nicht mehr gepflegt wurde.

Von Amerang bis Höslwang folgen wir immer den offiziellen Radwegschildern. Mit dem Gasthof Schöne Aussicht, der seinem Namen alle Ehre macht, dem Maibaum und dem Kriegerdenkmal bietet sich ein eindrucksvolles Ensemble. Kurz bergab, dann geht es links Richtung „Eggstätt 5,7 km“ weiter. Die Straße und unser Radweg führen über den Zulauf, die Wöhrachen, zum Hartsee. Direkt nach der Brücke halten wir uns rechts in einen schmalen, unbefestigten Weg, der am Hartsee entlangführt zum Bad am Hartsee (frei zugängig, Imbiss in der Saison, Restaurant ganzjährig, www.hartseestueberl.de).

Nun folgen wir einem Teil des Hartsee-Rundwegs, den wir uns mit Fußgängern teilen, und beachten deshalb, dass das Fahrrad an manchen Stellen geschoben werden muss. Am Südende des Hartsees folgen wir der Beschilderung „Via Julia“. Nördlich von Stephanskirchen verlassen wir das Naturschutzgebiet Eggstätt-Hemhofer Seenplatte und halten uns an die Radwegbeschilderung über Teisenham nach Bad Endorf. Durch die Langbürgnerseestraße und über die Poststraße gelangen wir zum Bahnhof Bad Endorf.

St2092
Mum
Zillhamer Achen
Ameranger See
Schonstett
Totmanngraben
Zillhamer See
Arboret
St2079
St2092
Purrain
Murn
St2360
Zillhamer Achen
St2079
Fahrtbichlholz
Gunzenhamer Achen
Halfing
Achen
Egger Moos
Halfinger Naturerlebnisweiher
Krebsbach
St2092
St2360
Buch
Dorfbach
Söchtenauer Achen
Söchtenau
Aubach
Bauholz
Nickelbach
Auholz
Spitzholz
Nickelbach
Siferlinger See
0
1 km
St2095

St2360
Amerang
Ameranger Bach
Taubensee
600
Pittenhart
600
Höslwang
Bachhamer Mühlbach
Laubensee
Wörgraben
Wonache
Pelhamer
See
Eggstätt-Hemhofer
Seenplatte
Eggstätt
Hartsee
Blassee
Kautsee
Einbessee
Kesselsee
Schloßsee
600
Hemhof
St2095
Langbürgner
See
BAD ENDORF
St2095

Die schönsten Kilometer um

16 NEUBEUERN

Start/Ziel

NUSSDORF AM INN

Rundtour

26,1 Kilometer

410 Höhenmeter

700 m
600 m
500 m
400 m
0 km 5 km 10 km 15 km 20 km 26.1 km

Raufstrampeln zur Kirche St. Peter in Steinkirchen

Bei dieser Tour wird's etwas sportlicher: Aus dem Inntal strampeln wir über 400 Höhenmeter hinauf auf den Samerberg. Zur Belohnung dürfen wir die großartige Landschaft genießen und uns mit bayerischen Schmankerln stärken. Einkehrmöglichkeiten gibt es gleich mehrere.

Aufgrund des Höhenunterschieds eine herausfordernde Tour, die gut mit einer Seilbahnfahrt auf die Hochries verbunden werden kann.

Los geht's in Nußdorf am Inn am Wanderparkplatz Gammernwald. Der befindet sich bei der Brücke der Hauptstraße/Neubeuerer Straße über den Steinbach. Neben der Brücke folgen wir der Radwegbeschilderung „Mühlthal 2,8 km" in den Mühlthalweg. Wir radeln bequem durch das Tal und erfreuen uns am Steinbach, der uns über zahlreiche Kaskaden entgegenrauscht. In Mühlthal stoppen wir bei der historischen Getreidemühle Mühlthal. Über 500 Jahre lang gab es hier einen Müller. Seine Kunden kamen vom Samerberg und aus Nußdorf. Wegen Erdrutschen, Überschwemmungen und dem in früheren Zeiten ungezähmten Flusslauf sei die Mühltalstraße oft unpassierbar gewesen, erklärt die Informationstafel an der Getreidemühle.

Von der Mühle folgen wir noch einige Hundert Meter dem Tal, dann beginnt

Herbststimmung: Während am Gipfel der Hochries bereits der erste Schnee liegt, lässt es sich auf dem Samerberg noch bequem radeln.

beim Elektrizitätswerk Samerberg der Anstieg. Vorbei am Weiler Gern schwitzen wir hinauf zum Samerberger Ortsteil Holzmann. Wer schon eine Pause braucht, macht sie vielleicht auf der Terrasse vom Gasthof Jägerhäusl (Fr–Mo u. Feiertage 11–21 Uhr, www.jaegerhausl.de). Allerdings liegt noch mehr Anstieg vor uns. Beim Vorfahrtsschild halten wir uns links und folgen der Radwegmarkierung Von Baum zu Baum. An einem Feldkreuz geht es geradeaus den Berg hinauf Richtung Grainbach. Dann halten wir uns links, radeln an einem Holzlagerplatz vorbei und vertrauen weiter den Schildern Von Baum zu Baum. Vom Weiler Hilgen bis zur Ortsmitte Grainbach radeln wir beinah eben dahin und erholen uns.

Am Gasthaus Maurer biegen wir links ab Richtung Nußdorf. Die Straße führt aus Grainbach hinaus nach Törwang. Etwa 200 m bevor sie an einer anderen Straße endet, geht es links zum Naturbad Samerberger Filze (Apr.–Okt., Eintritt frei). Das holzeingefasste Becken ist in Kleinkinder-, Nichtschwimmer- und Schwimmerbereich unterteilt, das Wasser wird vollbiologisch gereinigt. Liegewiesen und Holzdecks laden zum Verweilen ein, für kleine Badegäste gibt es einen Spielplatz. Weiter geht's Richtung Törwang. Der Radweg Von Baum zu Baum führt uns am Ortseingang

Highlights
am Wegesrand

Bergfried
wird ein unbewohnter Hauptturm einer mittelalterlichen Burg genannt. Solche Wehrtürme entstanden vor allem im 12. Jahrhundert, so auch in Neubeuern. Der Rest des Schlosses stammt aus späteren Jahrhunderten, der Mittelbau sogar erst aus dem 20. Jahrhundert. Das Schloss Neubeuern beherbergt heute ein Privatgymnasium mit Internat (www.schloss-neubeuern.de).

Sachsen
kamen einst in die Region Samerberg, soviel steht fest. Warum es allerdings gleich zwei Orte gibt, die darauf hindeuten, ist nicht geklärt. Jedenfalls ist es ein Kuriosum, dass Sachsenkam und Saxenkam nebeneinander existieren. Wenigstens lassen sich beide dank der unterschiedlichen Schreibweisen unterscheiden.

Km 11
Die Aussichtskapelle Samerberg darf in keinem Chiemgaubuch fehlen, und so steht sie auch in die sem als Highlight. Sicherlich gibt es noch schönere Aussichtspunkte in der Region (und auch in diesem Buch), bestimmt gibt es kulturhistorisch bedeutendere Kapellen. Doch diese schreibt ein Stück bayerischer Geschichte.

Törwang rechts bergan und in den Ort hinein. In der Ortsmitte von Törwang laden der Entenwirt und der Gasthof zur Post zum Essen ein. Überragt wird Törwang vom Turm der Pfarrkirche Mariä Himmelfahrt, der weitaus älter ist als das Gotteshaus selbst. Im Kirchenraum vermischen sich verschiedene Baustile. Die Ausmalung der Kirche stammt aus dem 19. Jh., während das spätgotische Bild der Kreuzigung Christi auf dem barocken Seitenaltar zwischen 1460 und 1470 entstand. Interessant sind auch die volkstümlichen Gemälde zur „Schädlichkeit des Schwatzens in der Kirche“ und zur Segenswirkung des Weihwassers – sie stammen aus dem 17. Jh.

Ein besonderes technisches Denkmal: Die alte Getreidemühle in Mühltal ist über 500 Jahre alt.

Vor der Kirche folgen wir der Beschilderung zur Aussichtskapelle. Der Radweg Von Baum zu Baum führt nochmals bergauf und bietet bereits am Ortsausgang Törwang einen schönen Ausblick über den Samerberg hinüber zur Hochries. An der Aussichtskapelle Samerberg machen wir ausgiebig Pause und genießen den weiten Blick über das Rosenheimer Land bis hin zum Simssee und Chiemsee. Die Kapelle stammt aus dem 19. Jh., sie besitzt jedoch einen kleinen gotischen Altar aus dem 16. Jh., dessen Altarbild die 14 Nothelfer zeigt. Neben der Kapelle verdient die weit über 100 Jahre alte Eiche Beachtung. Sie wurde zum 70. Geburtstag des Prinzregenten Luitpold gepflanzt und heißt daher Luitpoldeiche. Auch für Ludwig III. soll der Platz an der Aussichtskapelle ein bedeutungsvoller Ort gewesen sein. Hier soll sich der letzte bayerische König nach seiner Entthronung von seinem Bayernreich verabschiedet haben. Nach der Rast bei der Aussichtskapelle fahren wir durch Obereck, halten uns beim Gasthaus Schinkensepp (www.schinkensepp.bayern, schöne Aussichtsterrasse) halb links und folgen der Beschilderung ins Inntal. In leichtem Bergauf und Bergab geht es mit wunderbaren Ausblicken bis Steinkirchen. Die Kirche St. Peter gilt als eines der am schönsten gelegenen Gotteshäuser im Landkreis Rosenheim. Der einst gotische Kirchenraum wurde 1750 barockisiert. Die Größe der Kirche im kleinen Ort Steinkirchen

und ihre reiche Ausstattung zeugen von der tiefen Religiosität der Samerberger.

Nun beginnt die Abfahrt ins Inntal, vor der wir die Bremsen unseres Bikes prüfen sollten. Aufgepasst: Überseht während der Talfahrt nicht die Kreuzung im Weiler Sachsenkam. Dort halten wir uns links und folgen der Straßenbeschilderung nach Neubeuern. So kommen wir durch Saxenkam – ja, dieses Mal mit „x“ anstatt „ch“ geschrieben. Wir halten im Ort Ausschau nach dem im Jahre 1790 gepflanzten Maulbeerbaum. Er ist eine botanische Rarität. Bei Pinswang halten wir uns am Vorfahrtsschild links Richtung Altenbeuern. Noch bevor wir den Ort erreichen, nutzen wir links den Abzweig zum Geotop Mühlsteinbruch.

Von dort radeln wir westwärts bergab, halten uns bei der Dreifaltigkeitskirche Altenbeuern links und anschließend nach rechts zur Hauptstraße. Der Straßenradweg führt uns nach Neubeuern, dessen Schloss von Weitem sichtbar ist. Durch das Salzburger Tor kommen wir auf den sehenswerten Marktplatz Neubeuern mit historischen alpenländischen Häusern. Hinter der Pfarr- und ehemaligen Wallfahrtskirche „Mariä unbefleckte Empfängnis“, die vermutlich in der zweiten Hälfte des 13. Jh. entstand und deren romanischer Turm ein Zeugnis dieser Zeit ist, führt ein Treppenweg auf den Aussichtsfelsen Haschlberg (Zugang 8–20 Uhr). Von oben bietet sich ein wunderbarer Ausblick über das Inntal und auf Schloss Neubeuern.

Wir verlassen den Marktplatz durch das Obere Stadttor und rollen talwärts, bis uns der Radweg Von Baum zu Baum links in die Seilerbachstraße führt. Dann geht es rechts in die Schopperstraße. Am Hochwasserschutzdamm fahren wir links und folgen der Markierung „Radeln rund um Rosenheim“. Wir strampeln für 4,5 km auf oder nahe beim Hochwasserschutzdamm. Etwa auf halber Strecke bietet sich der Badesee Neubeuern (Eintritt frei) für eine Erfrischung an. Am Ende eines Gewerbe- und Wohngebiets halten wir uns vor der Brücke links und folgen der Radwegbeschilderung „Nußdorf 1,5 km“. Entlang des Steinbachs erreichen wir den Parkplatz in Nußdorf am Inn.

Neuwöhr
Birbetgraben
Sachsenkam
Pinswang
Saxenkam
Altenmarkt am Inn
Fröschental
St2359
Langweid
Geigerhölzl
R07
Altenbeuern
Althaus
Hinterhör
Wieslering
Scheuern
Sailerbach
Neubeuern
Holzham
Freibichl
Oberwöhr
Sollach
Sondert
Nockl
Altwasser
Schlecht
Mitterau
Kirchbach
Niederau
Oberau
Anker
Krebsbach
Unterpößnach
Thal
Neubeuerer See
Oberpößnach
Hintersteinberg
Brunn
Inn
St2359
Vordersteinberg
Krebsbach
Eschbach
Schneebichl
R09
Schadhub
Preisenberg
Eschbach
Zain
Niederthann
Oberthann
Breiten
Lieln
Breitner Bach
Guggenau
Sattelberg
Ramsau
Seilenau
Obersulzberg
Eiblwieser Weiher
Untersulzberg
Nußdorf am Inn
St2359
Steinbach
Grießenbach
Tiefenbach
Heiratsgraben
Altwasser
R01
0
1 km

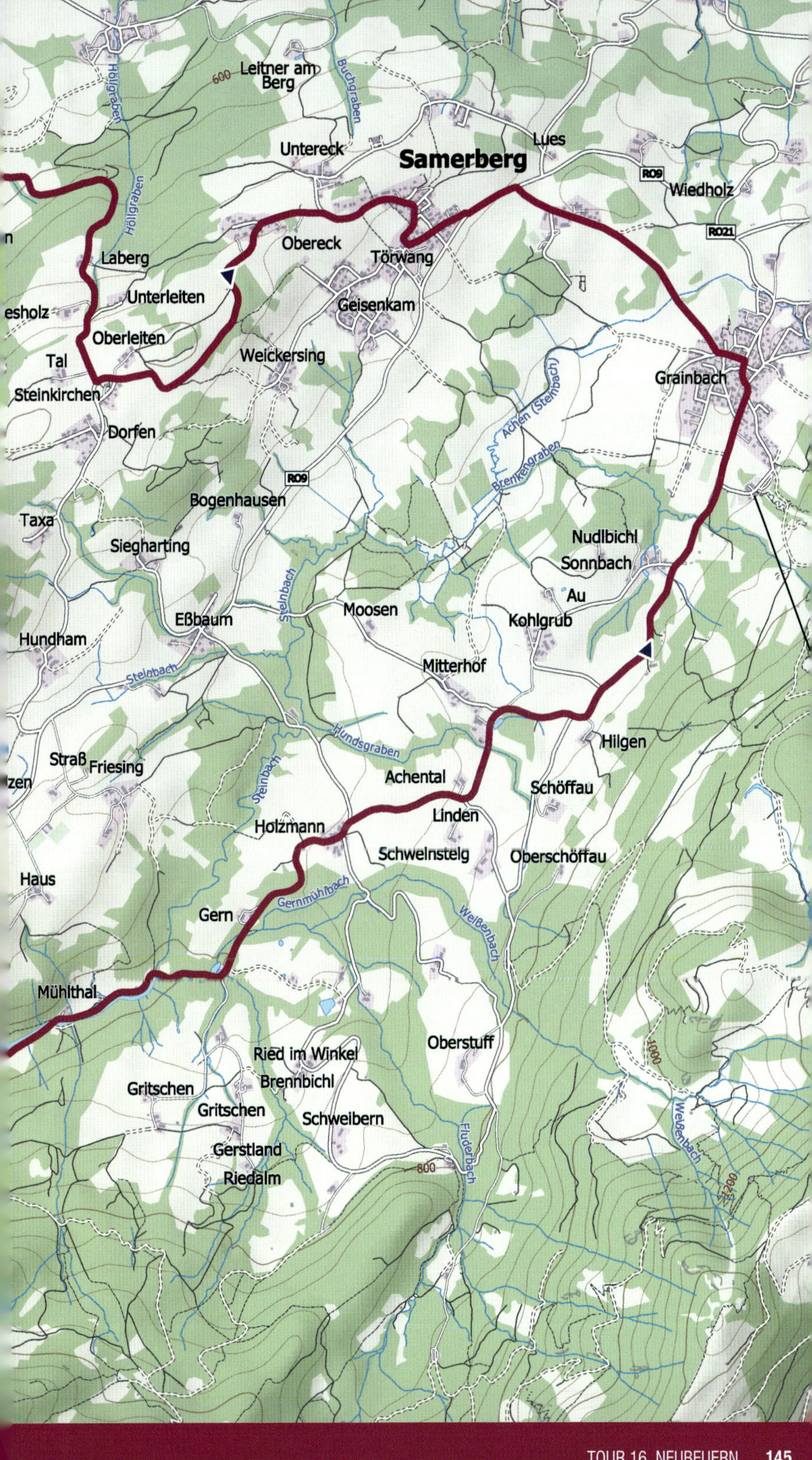
Leitner am Berg
Buchgraben
Höllgraben
600
Untereck
Samerberg
Lues
RO9
Wiedholz
RO21
Obereck
Törwang
Laberg
Unterleiten
Geisenkam
esholz
Oberleiten
Weickersing
Tal
Grainbach
Steinkirchen
Dorfen
Achen (Steinbach)
Brenkengraben
RO9
Bogenhausen
Taxa
Nudlbichl
Siegharting
Sonnbach
Au
Moosen
Kohlgrub
Eßbaum
Steinbach
Hundham
Mitterhof
Steinbach
Hilgen
Hundsgraben
Straß
Friesing
zen
Achental
Schöffau
Steinbach
Linden
Holzmann
Schwelnsteig
Oberschöffau
Haus
Gernmühlbach
Weißenbach
Gern
Mühlthal
Oberstuff
1000
Ried im Winkel
Brennbichl
Gritschen
Gritschen
Schweibern
Weißenbach
Fluderbach
Gerstland
800
Riedalm
1200

Die schönsten Kilometer ab

17 OBING

Start/Ziel

ORTSMITTE OBING

Rundtour

48,4 Kilometer

290 Höhenmeter

600 m
580 m
560 m
540 m
520 m

0 km 10 km 20 km 30 km 40 km 48.4 km

Der Obinger See im Chiemgau.

Der Chiemgau! Das sind aussichtsreiche Alpengipfel und sanfte grüne Hügel. Stattliche Bauernhöfe, altbayerische Kultur und Tradition. Und da sind Dutzende herrlicher Seen in großartiger Natur. Ohne sie wäre der Chiemgau wohl nur halb so attraktiv. Diese Rundfahrt verbindet die schönsten Seen.

Sportlich gesehen keine große Herausforderung, daher auch für raderfahrene ältere Kinder geeignet. Die vielen Badestopps (Badesachen einpacken) kosten Zeit, daher früh starten, um den ganzen Tag zu genießen.

Los geht's in der Ortsmitte Obing an der Kreuzung Wasserburger/Kienberger Straße. Vom Kriegerdenkmal folgen wir dem Mozartradweg nach „Pittenhart 3,2 km". Er führt über die Bahnhofstraße in die Poststraße (vor dem Edeka-Markt unauffällige Markierung an der linken Straßenseite). Auf der Pestkapellenstraße gelangen wir in den Wald und zur Pestkapelle. Sie wurde um 1860 zum Gedenken an die Pesttoten des 30-jährigen Krieges errichtet. Bei ihr orientieren wir uns am Schild „Pittenhart 1,8 km". Vom Waldrand haben wir einen schönen Ausblick. In Pittenhart verlassen wir den Mozartradweg und folgen „Eggstätt 7,5 km". Wundere dich nicht, dass es 30 m weiter nur noch 7,2 km nach Eggstätt sein sollen – die Richtung stimmt auf jeden Fall! Aufgepasst: Hinter der Grundschule biegen wir links ab in die Chiemseestraße – dort fehlt die Markie-

Gähnende Leere an der Seebar Stock: Das wird sich bald ändern.

rung. Bei einem Feldkreuz ist sie wieder vorhanden. Wir radeln nach „Eggstätt 7,0 km", geradeaus an der schönen Hofkapelle von Fremdling vorbei und durch Meisham, von wo aus wir bereits den Turm der Eggstätter Pfarrkirche St. Georg sehen. Hier können wir einen Abstecher zum Bad am Hartsee (s. Tour 5) machen: Beim Bushäuschen in einer steilen Linkskurve nach Meisham fahren wir links, vorbei am kleinen Eglsee zur Hauptstraße und folgen nach der Brücke dem schmalen Pfad entlang des Hartsees.

Unsere Tour verläuft beim Bushäuschen geradeaus zur Hauptstraße. Beim Vorfahrtsschild biegen wir vorsichtig links ab, denn die Stelle ist unübersichtlich! Nach wenigen Metern entlang der viel befahrenen Straße zweigen wir rechts ab in den als Hartsee-Rundweg markierten Wanderweg (grünes Schild). Der für Radfahrer erlaubte Wanderweg führt am Nordufer des Hartsees hinter der Schilfzone entlang und südwärts durch den angenehm schattigen Laubmischwald zwischen Hartsee linker Hand und Pellhamer See rechter Hand. Zwischen beiden Seen, zu denen es in diesem Bereich keinen Badezugang gibt, fließt ein breiter Bach, den wir auf einem Holzsteg überqueren. Mit etwas Geduld kann man dort Fische beobachten, vor allem Rotfedern und Hechte. An der folgenden Kreuzung halten wir uns links. Eine weitere Brücke führt uns über die Verbindung zwischen Hartsee und Kautsee. Nach der Engstelle zwischen Einbessee und Hartsee-Südufer erreichen wir die Via Julia und radeln auf diesem markierten Weg nach rechts, wie bei Tour 11. Nach etwa 500 m verlassen wir die Via Julia jedoch nach links Richtung

Highlights
am Wegesrand

Km 23,9
Gleich neben dem Schiffsanleger in Gstadt befindet sich das quirlige Strandbad Gstadt mit einer großen Badeinsel. Außer einem Kinderspielplatz und Beachvolleyballplatz gibt es einen Boots- und Radverleih sowie eine Surfschule. Restaurants und Einkaufsmöglichkeiten befinden sich in nächster Nähe.

50
Seen soll es laut dem Verein Chiemgau Tourismus e.V. in der Region geben. Und wahrscheinlich sind das nur die größten. Ein paar meiner liebsten Badeseen kannst du auf dieser Runde entdecken: den Hartsee, den Kesselsee bei Eggstätt, den Langenbürgner See, den Griessee und natürlich den Chiemsee.

Km 38,6
Die ehemalige Benediktinerabtei Kloster Seeon ist ein Wahrzeichen des Chiemgaus. Das über 1.000 Jahre alte Kloster war zeitweise in Besitz der Fürsten von Leuchtenberg. Einige Familienangehörige gehörten dem russischen Zarenhaus und dem schwedischen Königshaus an. Beachte die russisch-orthodoxen Gräber auf dem Klosterfriedhof.

Hartmannsberg und kommen rund 300 m weiter zur „wilden" Badestelle Kesselsee (Bänke, keine Liegewiese).

Vom Kesselsee rollen wir südwärts durch ein besonders schönes eiszeitliches Tal mit Resten eines Moores. Darin gedeihen Orchideen und andere seltene und geschützte Pflanzen wie das Sumpfblutauge. Pflücken ist streng verboten und wie überall im Naturschutzgebiet gilt: Wege nicht verlassen! Die Straße hinterm Parkplatz links bergan verlassen wir nach etwa 300 m rechts in einen Feldweg (beim Naturschutzgebietsschild). Wir kommen zur Seebar Stock (laut Betreibern „geöffnet, wenn die Sonne lacht", www.instagram.com/seebar.stock). In den Liegestühlen mit fantastischem Blick auf den Langbürgner See lässt es sich bei einem kühlen Drink lange aushalten. Zum Baden

Der Griessee im Herbst: Er ist einer der wärmsten Seen im Chiemgau und lädt daher auch noch spät im Jahr zum Baden ein.

musst du die steile Liegewiese hinuntergehen – Leitern helfen beim Einstieg ins kühle Nass. An einer Kapelle unter alten Bäumen vorbei fahren wir nach Westerhausen und folgen beim Vorfahrtsschild der Radwegmarkierung nach rechts. Leider endet der Straßenradweg schon nach wenigen Metern und wir müssen auf der manchmal stark befahrenen Straße geradeaus talwärts weiterfahren. Bevor wir den tiefsten Punkt der Straße erreichen, müssen wir am leicht zu übersehenden kleinen Holzschild „Naturweg" links abbiegen. Über den hin und wieder etwas ausgefahrenen und rutschigen Weg kommen wir nach Hochstätt, wo bei der Kapelle St. Koloman Asphalt beginnt und der Chiemsee schon in Sichtweite liegt. Beim Seecafé Toni erreichen wir den Chiemsee-Radweg, halten uns links entlang der Straße und biegen dann rechts nach Breitbrunn und Chieming ab.

Für den perfekt beschilderten Chiemsee-Radweg braucht es keine Beschreibung. Erster Badestopp könnte das Strandbad Breitbrunn sein (kein Eintritt, große Liegewiese, Spielplatz, Imbiss). Vom Holzpodest des Beobachtungsturms Ganszipfel 3 km weiter haben wir einen wundervollen Blick zur Fraueninsel und können mit Geduld und Glück Wasservögel beobachten. Danach radeln wir etwa 1,5 km bis zum quirligen Strandbad Gstadt (kein Eintritt, Liegewiese, Spielplatz, Restaurants und Einkaufsmöglichkeiten in der Nähe). Vom Schiffsanleger in Gstadt verkehren Fahrgastschiffe zur Fraueninsel, zur Herreninsel und nach Prien. Hinter Gstadt entfernt sich der Chiemsee-Radweg eine Weile vom See, an dem sich große Privatgrundstücke befinden. Dann gibt es bis Gollenshausen ein paar Stellen, an denen „wild" gebadet wird. Das ist nicht notwendig, denn bald erreichen wir das Strandbad Gollenshau-

sen (kein Eintritt, Liegewiese und Holzplattformen zum Liegen, Restaurant/Imbiss).

In Gollenshausen sagen wir dem Chiemsee „pfiat di“ und folgen im Ort der Markierung Naturpalette Chiemsee zunächst Richtung Lienzing. Bei einem Stromhäuschen fahren wir nicht nach Lienzing, sondern folgen den Radweg-Schildern nach Chieming und Seebruck. In Söll vertrauen wir dem Schild „Seeon 8,9 km“ – auch danach ist diese Richtung gut beschildert. Hinter Stetten blicken wir linker Hand auf das große Moorgebiet Weitmoos. Nach Fembach geht es auf einem gut befestigten Schotterweg lange Zeit durchs Grüne. Beim Abzweig nach Grafenanger orientieren wir uns am Schild „Seeon 5,1 km“ und erreichen die Ortschaft Roitham. Vorbei an der Kunstmühle strampeln wir bergan zur Kapelle Roitham. Wir folgen weiter den Radwegweisern nach Seeon. Am malerischen Bansee (kein Badesee) und der Staatsstraße St 2094 entlang erreichen wir den Parkplatz von Kloster Seeon. Nach einem Rundgang über das Gelände und Besichtigung der Kirche empfiehlt sich die Fahrt um den Klostersee, auch wenn der Weg über den Klostersteg hinüber zur Kirche St. Maria kürzer ist. Wir nehmen also bei der St.-Walpurgis-Kapelle am Friedhof den seeseitigen Weg, er führt zur Mozarteiche und zur Kapelle St. Florian. Dann radeln wir auf der Weinbergstraße ostwärts bis zur Kirche St. Maria.

An der Kreuzung hinter St. Maria folgen wir der 16-Seen-Runde bergan. Wegweiser nach Obing und zum Griessee helfen uns ebenfalls, sodass wir uns nicht verfahren können. Bei einem Parkplatz geht es zum Badeplatz Griessee (Eintrittsgebühr in der Saison, große Liegewiese, Imbiss). Es gibt einen Textil- und einen FKK-Bereich. Am Landhaus Griessee in Großbergham müssen wir aufpassen: Dort geht es rechts (Markierung: Jakobsweg). Vor einem großen Stall finden wir wieder ein Radwegschild. An der nächsten Straßenkreuzung hilft der Radwegweiser „Obinger See 0,6 km“. So kommen wir auf dem Mozartradweg zum Bad am Obinger See (Mai–Sept. 9–18 Uhr, Eintrittsgebühr, Imbiss) und schließlich zurück zur Ortsmitte in Obing. Alternativ radeln wir an der Straßenkreuzung geradeaus und kommen auf kürzestem Weg nach Obing.

Murn
Franzosengraben
Amerang
Taubensee
Ameranger Bach
Totmanngraben
Totmanngraben
Pitt
Höslwang
Bachhamer Mühlbach
Laubensee
Esche
Wöhrgraben
Eggstätt-Hemhofer Seenplatte
Liensee
Pelhamer See
Eggstätt
Hartsee
Hofsee
Blassee
Dorfbach
Einbessee
Kesselsee
Schloßsee
Hemhof
BAD ENDORF
Thaler See
Langbürgner See
Mauerkirchen
Stettner See
Rimsting Bahnhof
Antworter Achen
Antwort
Ruhezone für Vögel und Fische
Thalkirchen
0
2 km

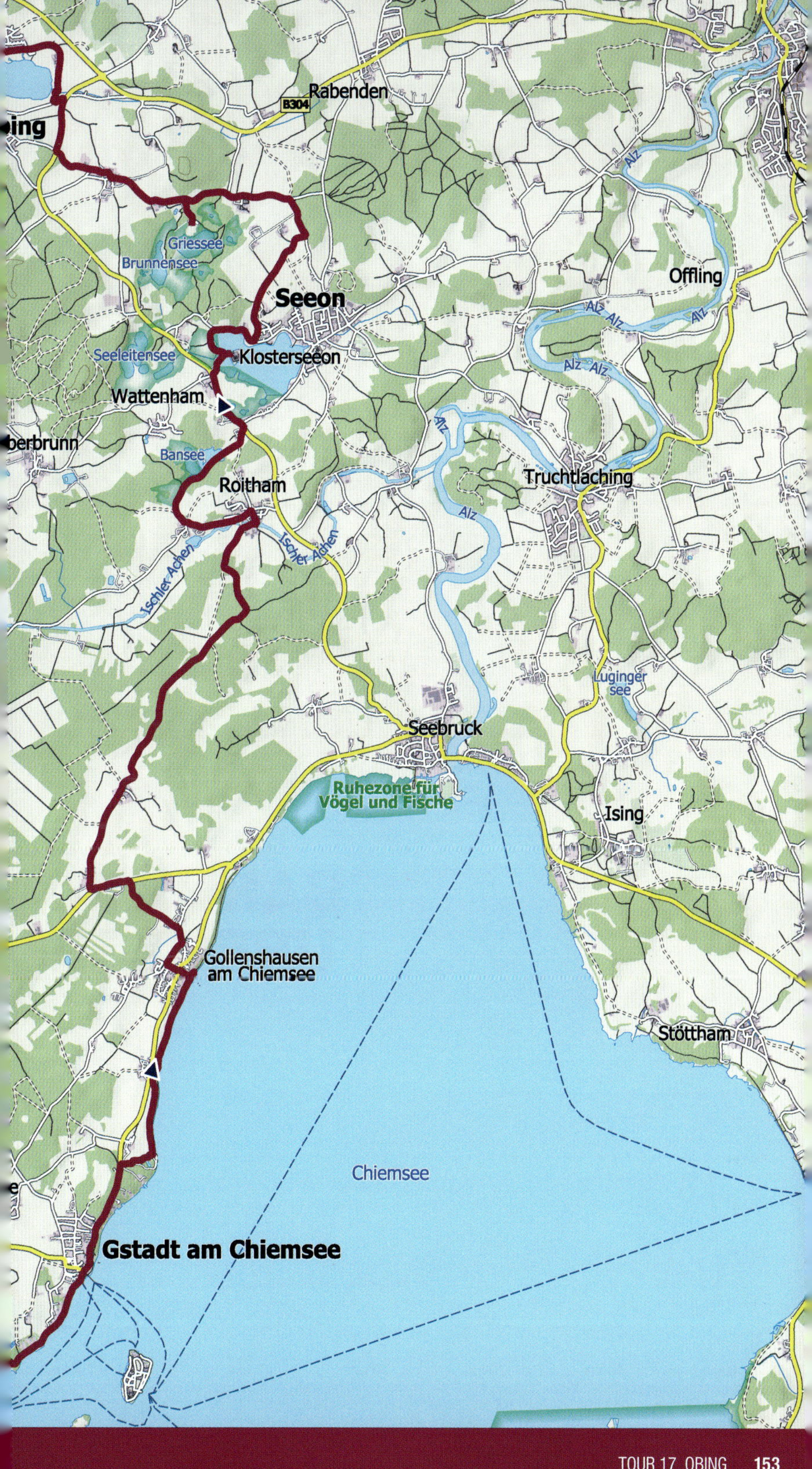
Rabenden
B304
Griessee
Brunnensee
Seeon
Seeleitensee
Klosterseeon
Wattenham
Bansee
Roitham
Ischler Achen
Offling
Alz
Truchtlaching
Luginger see
Seebruck
Ruhezone für Vögel und Fische
Ising
Gollenshausen am Chiemsee
Stöttham
Chiemsee
Gstadt am Chiemsee

Die schönsten Kilometer um den

18 CHIEMSEE

Start/Ziel

BAHNHOF ÜBERSEE

Rundtour

57,4 Kilometer

150 Höhenmeter

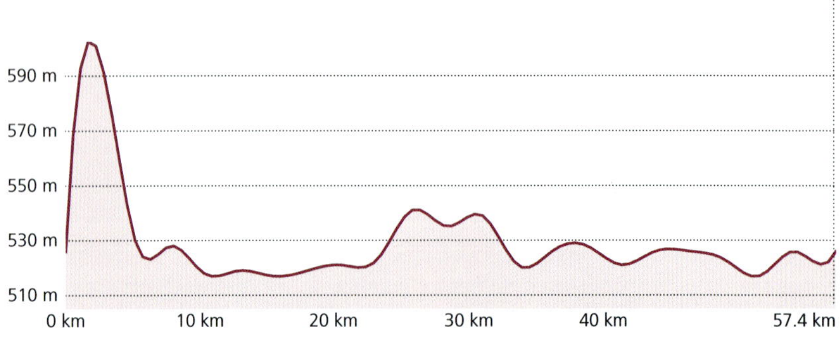

Der Grundloser See lädt zum Verweilen ein.

Der gut beschilderte Chiemsee-Radweg um das „Bayerische Meer" gehört zu den beliebtesten Biker-Zielen der Region. Die offizielle Tour lohnt sich sehr. Wir ändern sie dennoch ein wenig und besuchen ein paar Sehenswürdigkeiten im Chiemsee-Hinterland.

Eine bequeme Rundtour auf sehr guten Wegen. Aufgrund ihrer Länge eher nichts für Kinder. Den Chiemsee-Rundweg teilen wir uns meist mit Fußgängern – gegenseitige Rücksichtnahme ist oberstes Gebot. Badesachen sind natürlich ein Muss!

Wir beginnen die Tagestour am Bahnhof Übersee. Auf der Bahnhofstraße fahren wir westwärts bis zum Kreisverkehr, den wir an der ersten Hauptausfahrt in die Dorfstraße verlassen. Wir radeln an einem kleinen Park vorbei, queren den Überseer Bach und biegen rechts ab zur neogotischen Pfarrkirche St. Nikolaus. An der T-Kreuzung beim Gasthaus Hinterwirt biegen wir links ab – und befinden uns jetzt auf dem Chiemsee-Radweg, der uns an der nächsten Kreuzung rechts in die Horlacher Straße leitet. Etwa 700 m nach dieser Kreuzung, ungefähr auf Höhe der Sportplätze, schwenkt der Chiemsee-Radweg südwestwärts und führt nördlich um den Westerbuchberg herum. Achtung: Wir fahren südwärts weiter (Horlacher Straße, Hadergasse). Es geht bergan. Nach zwei kurzen Waldpassagen halten wir uns beim Hof Westerbuchberg 41 scharf

Pause mit Seeblick bei Feldwies.

rechts und strampeln hinauf zur Kirche St. Peter und Paul. Das sehenswerte Gotteshaus gehört zu den ältesten des Chiemgaus. Die Tuffsteinmauern des Langhauses stammen noch aus romanischer Zeit, der Kirchenraum ist gotisch und überrascht mit schönen Fresken.

Wir radeln auf breitem Weg weiter westwärts, bald leicht bergab, und treffen in einer steilen Kurve auf den Chiemsee-Radweg, der von rechts heraufkommt. Wir folgen ihm aber geradeaus, lassen den Westerbuchberg hinter uns und düsen schnurgerade entlang eines Entwässerungsgrabens durch das Verlandungsgebiet des Chiemsees. So kommen wir zum Bayerischen Moor- und Torfmuseum (Mai–Okt. Sa, So 11–16 Uhr, 30.6.–29.9. zusätzl. Mi, Feldbahnfahrten 12–15 Uhr zur vollen Std., www.museum-torfbahnhof.de). Vom Torfbahnhof folgen wir weiter dem gut beschilderten Chiemsee-Radweg, zunächst an der Eisenbahnstrecke München–Salzburg entlang, dann nordwärts und am Rande des Bernauer Ortsteils Eichet vorbei. Nach Unterquerung der A 8 erreichen wir den Chiemseepark Felden mit Badestelle und den Beobachtungsturm Irschener Winkel.

Auf dem Chiemsee-Radweg kommen wir um den Irschener Winkel herum und immer am Westufer des Sees entlang. Vom Biberspitz (Campingplatz Harras) bis Prien-Stock verläuft der Radweg auf einer Straße. Dieser ziemlich unattraktive Abschnitt lässt sich nicht gut umgehen. Umso interessanter ist es, anschließend etwas Zeit an der belebten Uferpromenade Prien-Stock

Highlights
am Wegesrand

Von Prien und Gstadt verkehren regelmäßig Schiffe zur Herreninsel mit dem Königsschloss.

Km 36,2
Bedaium – so hieß Seebruck bei den Römern. Der Ort lag an einer Handelskreuzung und war aufgrund des Fischreichtums des Chiemsees ein idealer Siedlungsort. Vermutlich spielte auch die Lage an der Alz eine Rolle. Der Name Seebruck ist jedenfalls unzweideutig: die Brücke über den Abfluss des Sees.

Km 43,7
Wenn sich an warmen Frühlingstagen die Sonnenanbeter auf den Kiesbänken rund um den Schiffsanleger Chieming einfinden, der Eisverkäufer seinen Wagen vorfährt und die ersten Segler unterwegs sind, fühlt man sich in Chieming wie im Urlaub, auch wenn man gleich um die Ecke wohnt. Chieming ist ein kleines Paradies zum Ausspannen.

75
Meter lang ist der Spiegelsaal im Schloss Herrenchiemsee. König Ludwig II. ließ ihn in Anlehnung an den Spiegelsaal des Schlosses Versailles bauen, jedoch um zwei Meter verlängern, um Bayerns Macht eindrucksvoll zu demonstrieren.

zu verbringen. Allerdings müssen die Fahrräder geschoben werden: Der Bereich um den Schiffsanleger und der kleine Park auf der Landzunge sind Fußgängerzonen. Das nebenan gelegene Freizeitbad Prienavera ist Hallen- und Strandbad zugleich (www.prienavera.de). In Osternach teilt sich der Chiemsee-Radweg in zwei Varianten. Schöner ist die östliche, die näher am See entlangführt. An dieser Route liegen das Fischrestaurant Winklfischer und die empfehlenswerte Fischhütte Reiter (www.chiemseefischerei.de/michael-reiter). Gestärkt radeln wir auf dem Chiemsee-Radweg zur Prien-Mündung und halb um die Schafwaschener Bucht herum.

Am Yachthafen Aiterbach fahren wir nicht auf den Uferweg, sondern bleiben auf dem Straßenradweg Naturpalette

Auch im Winter wunderschön: Februarsonne bei Chieming.

Chiemsee. Beim Seecafé Toni in Hochstätt verlassen wir den Chiemsee-Radweg (s. auch Tour 12). Wir biegen links ab zur St.-Koloman-Kapelle (Radweg Richtung Eggstätt), an der wir geradeaus in den Wald hineinfahren. Der Naturweg trifft auf eine Straße: Wir lenken rechts und etwa 150 Meter weiter wieder rechts Richtung Kitzing. In Oberkitzing folgen wir dem Radwegweiser „Eggstätt 4,6 km". Wir stoppen beim ehemaligen Römischen Gutshof in Unterkitzing und informieren uns zur Geschichte, bevor wir der Naturpalette Chiemsee Richtung Mooshappen folgen. Nach einer kurzen Waldpassage auf einem Schotterweg erreichen wir eine markante Kreuzung von fünf Wegen bei einer Pferdekoppel. Dort folgen wir weiter dem Weg Naturpalette Chiemsee Richtung Nordosten entlang eines Grabens. Achtung: „Naturpalette-Wege" sind auch in andere Richtungen beschildert. Nordostwärts geht es durch Teile des Niedermoors Lienzinger Moos zum Hochmoor Lienzinger Filz. Am Rande des Filzes liegt der mystische Grundlose See. Früher glaubten die Menschen, der See sei unendlich tief. Das rührt vermutlich daher, dass man im Hochmoor keinen Untergrund „spüren" kann und dazumal Ängste bestanden, vom Moor „verschluckt" zu werden. Das Lienzinger Filz steht wie alle bayerischen Hochmoore unter Naturschutz – hilf bitte mit, dass das kleine Paradies erhalten bleibt! An der Kreuzung nordöstlich vom Grundlosen See fahren wir rechts. Naturpalette

Chiemsee und Via Julia leiten uns über Lienzing zum Strandbad Gollenshausen (kein Eintritt, Liegewiese und Holzplattformen zum Liegen, Restaurant/Imbiss).

Ab Gollenshausen bleiben wir bis beinah zum Schluss auf dem offiziellen Chiemsee-Radweg und folgen seiner sehr guten Beschilderung. Erst am Ortsrand von Feldwies, etwa 2 km vor Tourende, verlassen wir ihn: Hinter der Pension Schwaiger (Haus Laxganer) biegen wir scharf links in die Moosener Straße, der wir südwärts bis zur Bahnhofstraße folgen, die uns nach rechts zum Bahnhof Übersee bringt.

Entlang des Chiemsee-Radwegs von Gollenshausen bis Feldwies gibt es viel zu entdecken. In Seebruck lohnt ein kurzer Abstecher in den Kurpark mit einem Beobachtungsturm. Der Zugang befindet sich bei der Ausgrabung einer Römischen Darre. Im Römermuseum (www.roemermuseum-bedaium.byseum.de) erfahren wir mehr über die Geschichte von Bedaium. Auf der Seebrucker Halbinsel mit Yachthafen können wir am Strandbad in den See springen (Mai–Sept. 9–22 Uhr, Eintrittsgebühr). Rund 4,7 km nach der Alzbrücke entdecken wir das sehenswerte gotische Kirchlein St. Johann Baptist zu Stöttham. Der Friedhof geht auf einen Pestacker aus dem 14. Jh. zurück, als beinah die gesamte Bevölkerung des Dorfes Stöttham an der Seuche verstarb. Nach weiteren 2,3 km erreichen wir dann Chieming, wo wir die ländlichere Variante des zweigeteilten Chiemsee-Radwegs bevorzugen. Die Strecke am See folgt der viel befahrenen Straße. Auf jeden Fall lohnt ein Abstecher zum Schiffsanleger. Dort kann man auf Ruhebänken und Kiesbänken gleichermaßen relaxen und die Füße ins Wasser stecken. Wer schwimmen will, geht ins Strandbad südlich vom Schiffsanleger (Mai–Ende der bayer. Sommerferien 9–19 Uhr, Eintrittsgebühr, www.strandbad-chieming.de). Schließlich lohnt sich bei Kilometer 48 unserer Rundfahrt ein Blick vom Vogelbeobachtungsturm Hagenau. So erhaschen wir einen Eindruck vom Mündungsdelta der Tiroler Achen, an dessen Rändern wir auf der letzten Etappe südwärts radeln.

Pelhamer See
Hartsee
Eggstätt
Hofsee
Blassee
Einbessee
Kesselsee
Schloßsee
Hemhof
St2095
Thaler See
Langbürgner See
Eggstätt-Hemhofer Seenplatte
Rimsting Bahnhof
Breitbrunn am Chiemsee
St2093
Gstadt an
St2092
Rimsting
Ruhezone für Vögel und Fische
Frauenchiemsee
Osternach
STOCK
Herreninsel
Gries
PRIEN AM CHIEMSEE
Bruck
Mühlbach
ERNSDORF
Trautersdorf
Bach
HARRAS
Harras
Prien
Reitbach
Mühlbach
Weisham
Förchensee
107
Neumühler Bach
Neue Rott
Hittenkirchen
Bernauer Achen
A 8
Giebing
600
106
0
1 km
Bernau am Chiemsee

Ruhezone für Vögel und Fische
St2093
Ising
Hart
St2095
Sondermoning
St2096
Egerer
Stöttham
Lohbach
St2095
Chieming
Pfaffing
Pfeffersee
Krebsbach
Chiemsee
see
Krebsbach
St2096
Mündung der Tiroler Achen
Öffentlicher Badestrand Übersee
Schweinebucht
Grabenstätt
FKK Chiemsee
A 8
108
Feldwies
Winkl
109
Übersee Bach
Tiroler Achen
Rothgraben
Aitrach
Alte Rott
Übersee
Sossauer Filz und Wildmoos
Sossauer Kanal
Weiße Achen
St2096

Die schönsten Kilometer um den

19 WAGINGER SEE

Start/Ziel

WAGING AM SEE

Rundtour

25,6 Kilometer

200 Höhenmeter

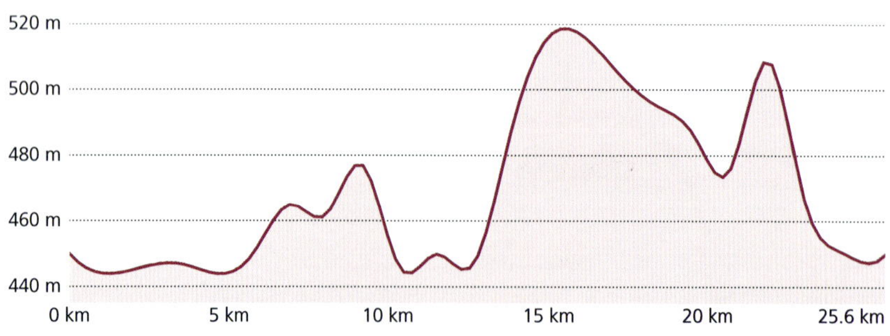

Wasserfreuden: Der Bootsverleih zwischen Tachinger und Waginger See.

Badeurlaub am Waginger See: In den 1950er Jahren reisten die Urlauber mit Sonderzügen an. Heute gibt es ein gut ausgebautes Radwegenetz, das viele attraktive Ziele in der Umgebung erschließt. Ein paar lernen wir auf dieser Tour kennen. Und natürlich dürfen wir öfters ins kühle Nass springen.

Eine leichte Rundtour für jede Art von Bike. Wegen eines kurzen holprigen Steilstücks mit Anhänger nicht empfehlenswert, es sei denn, man strengt sich richtig an. Badesachen sind ein Muss!

Falls man vorab eine Runde schwimmen will oder nach unserer Tour: Ausgangs- und Endpunkt ist das Strandbad Seeteufel mit Imbiss (in der Badesaison tgl. 8–20 Uhr, www.waginger-see.de). Dort gibt es einen gebührenpflichtigen Parkplatz. Wir folgen der Radwegbeschilderung durch die Unterführung und dem neben der viel befahrenen Straße verlaufenden Radweg nordwärts. An der Ampelkreuzung halten wir uns rechts und fahren auf dem Straßenradweg Richtung Tettenhausen. So erreichen wir schnell die Brücke über die Engstelle zwischen Tachinger See im Norden und Waginger See im Süden. Dort bietet sich nicht nur ein wunderbarer Ausblick, es gibt auch einen Bootsverleih. Nicht übersehen kann man den kleinen Strand beim Boadwirt (in der Badesaison tgl. ohne Eintritt

Urlaub auf dem Lande: Am Waginger See gelingt er bestimmt.

zugängl., Restaurant Fr–Di 11–22 Uhr, www.strandbad-tettenhausen.de). Falls du ein paar Tage am See bleiben willst: Der Boadwirt betreibt auch einen ordentlichen Campingplatz mit Kiosk.

Hinterm Boadwirt geht's kurz bergauf – wir folgen dem Radwegweiser „Petting 8,2 km" und befinden uns damit auf einem Teilstück des 450 km langen Mozart-Radwegs. Mit schönen Ausblicken radeln wir oberhalb des Waginger Sees südwärts bis zum Campingplatz Gut Horn. Dort halten wir uns links und orientieren uns weiter an der Radwegbeschilderung. So kommen wir ins Örtchen Wolkersdorf. Hinter dem beschaulichen Dorf verläuft unsere Route, die auch als Waginger See-Rundweg markiert ist, für kurze Zeit auf einem groben Schotterweg. Bei Kronwitt tangieren wir die Hauptstraße, dann geht es wieder auf einen Schotterweg. Wer diesen meiden will, kann den Radweg an der Hauptstraße nutzen. Hinter Kühnhausen führt eine kurze Stichstraße zum Strandbad Kühnhausen (in der Badesaison tgl. geöffnet, www.waginger-see.de). Der Wegpunkt markiert den Abzweig zum Strandbad. Ab da wechselt der Radweg auf die linke Straßenseite und folgt ihr bis Petting.

In Petting nehmen wir die Straße zur Ortsmitte (Beschilderung „Zum Rathaus"). Dort lohnt sich die Besichtigung der Pfarrkirche St. Johannes der Täufer. Die gotische Saalkirche mit aufwendiger neugotischer Innenausstattung – es gibt drei sehenswerte Flügelaltäre – fußt auf einem Vorgängerbau aus dem 12./13. Jh. Der Westturm

Highlights
am Wegesrand

Km 2
Die Waginger wagen was! Verbotsschilder verkünden: Der Brückensprung ins kühle Nass ist untersagt! Dabei scheint er zur Badetradition zu gehören. Jedenfalls trifft sich die Dorfjugend regelmäßig an heißen Sommerabenden zum Wettbewerb. Auch Zuschauen macht Spaß!

27 °C
Wassertemperatur erreicht der Waginger See in manchen Sommern und gilt damit als der wärmste Badesee Oberbayerns. In strengen Wintern friert er dennoch vollständig zu. Doch nur sehr selten ist das Eis dick genug, um über den ganzen See zu wandern.

Aus 1 mach 2
Tahensee hieß der See, an dessen Stelle es heute den Tachinger und den Waginger See gibt. Vor etwa 150 Jahren erfolgte eine Absenkung des Wasserspiegels. So entstand die Halbinsel Auerzipfel. Eine Aufschüttung sorgte für eine weitere Verengung – aus einem See wurden zwei.

ist bis zum Rundbogenfries am dritten Obergeschoss romanischen Ursprungs. Das Gotteshaus ist auch aus geologischer Sicht interessant: Es wurde aus Kalktuffquadern auf einem Sockel aus großen Nagelfluh-Blöcken erbaut. Kalktuff entsteht zum Beispiel als Ablagerung an kalkhaltigen Quellen, die im Alpenvorland häufig sind. Daher ist er ein typisches regionales Baumaterial vergangener Zeiten – genau wie der Nagelfluh. Dieses Gestein bildete sich im Alpenvorland durch Ablagerung und Verfestigung verschiedener anderer Gesteine. Als Bindemittel diente Kalk. Wegen seiner Festigkeit wird der Nagelfluh hierzulande manchmal als „Herrgottsbeton“ bezeichnet.

Falls wir uns noch stärken wollen, bevor es auf der Hauptstraße südwärts weitergeht: Gegenüber der Kirche befindet sich ein italienisches Restaurant – bis zum Ende der Tour gibt es keine weitere Einkehrmöglichkeit. Ab den Sportplätzen am Ortsausgang Petting nutzen wir den Radweg neben der Straße. Er führt zur Staatsstraße St 2104,

So geht Sommer: Blick von der Brücke beim Boadwirt.

dort folgen wir ihm nach links weiter. Wir radeln an einer Kapelle vorbei und biegen vor dem Bushäuschen rechts ab, „Seehaus 1 km“ folgend. So umgehen wir ein Stück der stärker befahrenen Straße, auf der der markierte Radweg verläuft, und können einen Blick auf das in Privatbesitz befindliche Schloss Seehaus am Südende des Weidsees erhaschen.

Schloss Seehaus war ursprünglich eine Burg im Besitz der Grafen von Thann, denen die Ländereien im Jahr 1280 vom Salzburger Erzbischof Rudolf übereignet wurden. Die Burg diente dem Erzstift Salzburg als Wachposten an der mittelalterlichen Salzstraße, die von Salzburg über Waging und Altenmarkt an der Alz nach Wasserburg am Inn und weiter nach München führte. Von Seehaus konnte die Durchfuhr des Reichenhaller und Berchtesgadener Salzes gut überwacht werden. Die dafür erhobenen Mautgebühren waren für das Erzstift Salzburg wichtige Einnahmen.

Bei Ringham treffen wir wieder auf den markierten Radweg und biegen am Ortsende rechts ab Richtung Gallenbach. Wir folgen der für Motorverkehr gesperrten Straße zum und durch den Wald. Nach der Waldpassage überqueren wir den Gallenbach, auch als Eisgraben bezeichnet, und halten uns beim einsam gelegenen Haus Gallenbach 2 rechts bergan. Der Milchstraßenradweg verläuft an dieser Stelle

auf schlecht befahrbarem Untergrund steil bergan – eventuell müssen wir das Fahrrad ein kurzes Stück schieben. Nach dem Anstieg folgt bald wieder Asphalt. In Putzham vertrauen wir der Radwegbeschilderung nach rechts und erreichen bei Teichting eine breitere Straße. Wir orientieren uns an den Radwegweisern „Waging (über Nebenstraßen)“ und folgen längere Zeit der Straße nordwestwärts. Hinter Kleeham geht es leicht bergab, dann folgen wir der Radwegbeschilderung „Waging 3,6 km“. Wir bleiben auf dem ebenen Radweg links der Straße, bis wir den Abzweig zur Wallfahrtskirche Maria Mühlberg erreichen (braunes Hinweisschild). Hinter Hirschhalm biegen wir links ab Richtung Mühlberg. Nach einem kurzen kräftigen Anstieg können wir uns auf den Ruhebänken vor der Wallfahrtskirche Maria Mühlberg niederlassen und den herrlichen Ausblick genießen.

Von der Wallfahrtskirche radeln wir zurück bis zur abbiegenden Hauptstraße, auf der wir nach links mit zehn Prozent Gefälle hinab Richtung Waging rollen. In der Kurve hinter Egg ignorieren wir den abzweigenden Rad- und Fußweg. Stattdessen folgen wir den Schildern „Zum See“ und „Wellness-Garten“ bis zu einer großen Kneipp-Anlage. Von dort geht es auf dem gut beschilderten Benediktradweg nordwestwärts bis zum Strandbad Seeteufel.

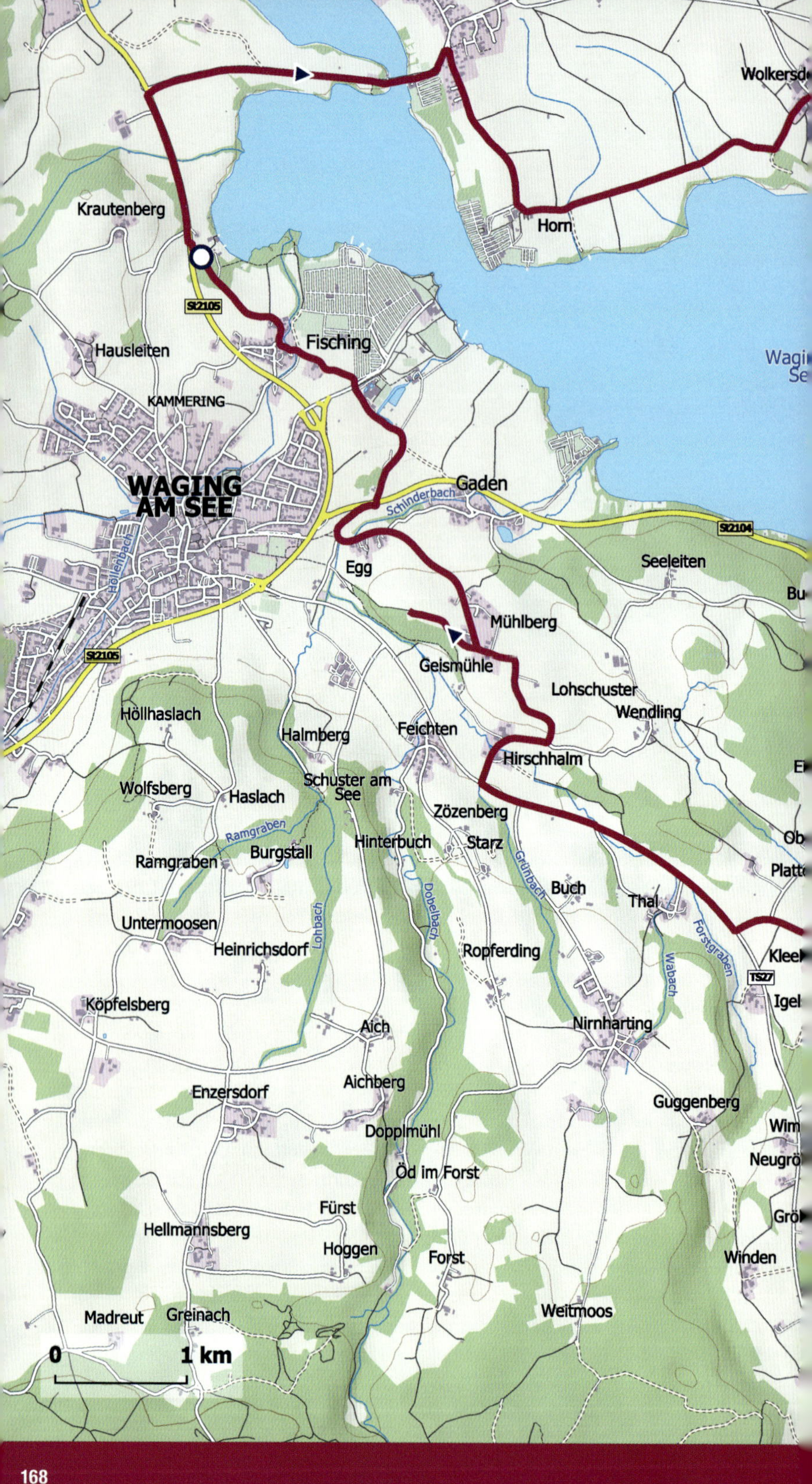
Krautenberg
Horn
Fisching
Hausleiten
KAMMERING
WAGING AM SEE
Gaden
Schinderbach
Egg
Seeleiten
Mühlberg
Geismühle
Lohschuster
Wendling
Höllhaslach
Halmberg
Feichten
Hirschhalm
Wolfsberg
Haslach
Schuster am See
Zözenberg
Ramgraben
Burgstall
Hinterbuch
Starz
Grünbach
Buch
Thal
Untermoosen
Heinrichsdorf
Lohbach
Dobelbach
Ropferding
Forstgraben
Wabach
Köpfelsberg
Aich
Nirnharting
Enzersdorf
Aichberg
Guggenberg
Dopplmühl
Öd im Forst
Fürst
Hellmannsberg
Hoggen
Forst
Winden
Weitmoos
Madreut
Greinach
0
1 km
St2105
St2104
TS27
Höllenbach

TS23
Ribing
Zebhausen
Thal
TS25
Kothaich
Pöllner
Bernreut
Lampoding
Kirchstein
Roth
Scharam
Stockach
Wies
TS23
Reit
Reichersdorf
Götzinger Achen
Zeifen
Kühnhausen
Hennhart
Vordergesselberg
Hintergesselberg
Mandlberg
Wiener Graben
Musbach
Brandhofen
Götzinger Achen
Untervockling
Unterholzen
Gilling
Seeberg
Unverzug
Abfalter
Abfalter
Eisgraben
TS32
Seehof
Petting
Stötten
Quellgrund
Muhlberg
Parschall
St2104
Schweighausen
Seeschneider
Mörnberg
Ebing
Aubach
Walchen
Lindenhub
Lehen
Streulach
Eisgraben
huhegg
Huberhof
TS23
Weidsee
Altofing
Teichting
Wiedenreut
Seehaus
TS30
Ringham
Filzschuster
Aubach
Neuputzham

Die schönsten Kilometer ab

20 TEISENDORF

Start/Ziel

BAHNHOF TEISENDORF

Rundtour

50,6 Kilometer

340 Höhenmeter

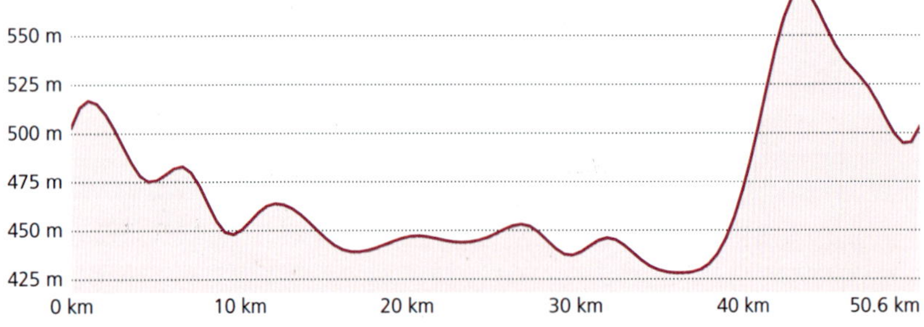

Im Naturschutzgebiet Schönramer Filz

Mehrere Hundert Meter hohe Gletscher bedeckten das Voralpenland während der letzten Eiszeit. Als das Eis schmolz, blieben Seen und Moore zurück. Im südlichen Rupertiwinkel besuchen wir Moore, die sich nach jahrzehntelanger menschlicher Nutzung wieder zu Naturlandschaften entwickeln. Ein großer Moorwassersee lädt uns zum Baden ein.

Lange Rundfahrt für Natur- und Kulturliebhaber, nichts für Kinder. Aufgrund des Geländeprofils kann man hin und wieder richtig ins Schwitzen kommen. Abkühlungs- und Einkehrmöglichkeiten sorgen für Ausgleich.

Unsere Rundfahrt auf den Spuren der letzten Eiszeit beginnt am Bahnhof Teisendorf der Strecke München–Salzburg. Am Kreisverkehr vor dem Bahnhof fahren wir abwärts zur Bahnhofstraße und folgen der Beschilderung „Teisendorf Ortsmitte“. Die Marktstraße Teisendorf überrascht mit einer Reihe hübscher Häuser, außerdem gibt es zahlreiche Einkehr- und Einkaufsmöglichkeiten. Kurz hinter der Marktapotheke biegen wir rechts in die Holzhauser Straße und folgen der Radwegbeschilderung nach Waging (Straßenschild: Wimmern). Bei den letzten Häusern überqueren wir den Fluss Sur. Vor der Eisenbahn halten wir uns rechts, dann fahren wir unter den Gleisen hindurch und radeln nordwärts bis Gumperding. Wir folgen dem mit einem Frosch-Symbol markierten Moor und Moos-Radweg über die Sur

Highlights
am Wegesrand

Km 11,6
Das Schönramer Filz ist eines der größten Hochmoore in Südost-Oberbayern. Von den 1920er Jahren bis beinah zur Jahrtausendwende wurde großflächig Torf abgebaut. Seitdem regenerieren sich die Moor- und Heideflächen langsam. Die Rückentwicklung zu einem natürlichen Hochmoorgebiet wurde durch das künstliche Anstauen des Moorsees unterstützt, an dem der Lehrpfad vorbeiführt.

100.000
Jahre dauerte die Würmeiszeit. Die vorerst letzte große Kälteperiode in Mitteleuropa endete vor etwa 10.000 Jahren. Die durchschnittlichen Jahrestemperaturen waren um 10 °C niedriger als heute. Die mehrere Hundert Meter dicken Gletscher formten die Landschaft des südlichen Alpenvorlands.

Km 44,4
Das Kloster Höglwörth ist ein ehe maliges Augustiner-Chorherrenstift und den Aposteln Petrus und Paulus geweiht. Erzbischof Konrad I. von Salzburg gründete das Kloster 1125. Es blieb als einziges Stift in Bayern von der Säkularisation verschont, da es als Teil des Salzburgischen Rupertiwinkels erst 1810 an Bayern fiel. Die sehenswerte Rokoko-Kirche wurde im Jahr 1675 neu errichtet.

und radeln nach der Brücke links durch das Surtal zum Surspeicher. Die Mitte der 1960er Jahre erbaute Talsperre dient dem Hochwasserschutz und der Stromerzeugung.

Über die Staumauer geht es Richtung Furt. Vor der Brücke über die Sur fahren wir rechts, sodann links („Schönramer Filz 3,4 km"). Der „Frosch" begleitet uns durch Ammerberg bis zum Opel-Autohaus an einer Hauptstraße. Bis Schönram nutzen wir den Straßenradweg. Im Ort lädt der Brauereigasthof zur Einkehr ein, allerdings liegt noch eine lange Strecke mit vielen Highlights vor uns. Vom Bräustüberl folgen wir der Markierung Richtung Laufen – fahr bitte vorsichtig an der Straße! Beim Parkplatz nach Beginn des Waldes zweigt unser Radweg ab und führt am Rand des Hochmoors Schönramer Filz entlang. Hochmoore werden im süddeutschen Sprachraum als Filze bezeichnet. Wenn du den gesamten Moorlehrpfad erkunden willst

Lohnendes Ziel: Die Aussichtsplattform über das Haarmoos.

(Wege nicht verlassen!), musst du dein Bike abstellen und zu Fuß gehen – der Fahrradweg folgt nur einem Teil des Moorlehrpfads. Wenn du am Start des Moorlehrpfads zur Straße fährst, kurz nach rechts und bei erster Gelegenheit wieder links, kommst du zur ehemaligen Versuchsplantage der TU Weihenstephan. Dort kannst du amerikanische Cranberries pflücken (Hauptsaison Okt., www.schoenramer-beeren.de).

An der Grenze zwischen den Landkreisen Traunstein und Berchtesgadener Land stößt der geschotterte Moor und Moos-Radweg auf eine Straße, an der wir dem Wegweiser „Leobendorf 4,0 km“ folgen. Hinterm Abzweig Gaisbach führt der Radweg nach links und dann gut beschildert bis Leobendorf. Auf dem Weg dorthin erfreuen wir uns am Ausblick auf den Haunsberg im Flachgau. An der Hauptstraße in Leobendorf fahren wir nach rechts und kurz darauf links Richtung Abtsee. Wenn du ein Bad in dem warmen Moorwassersee nehmen willst, fährst du geradeaus und nutzt am besten das Freizeitgelände beim Abtsdorfer See.

Unsere Route führt an der Nordspitze des Abtsdorfer Sees nach rechts Richtung Haarmoos (in eine für den Motorverkehr gesperrte Straße – „Fahrräder und Anlieger frei“). Im Weiler Haarmoos treffen wir auf ein Asphaltsträßchen und folgen ihm nach links. Wir radeln südostwärts auf einem bewaldeten Höhenrücken zum Aussichtspunkt Haarmoos. Von der Holzplattform überblicken wir die letzte große Streuwiesenlandschaft im Berchtesgadener Land, die zugleich das größte Wiesenbrütergebiet Südostbayerns ist. Im Haarmoos brüten Bekassine, Braunkehlchen, Großer Brachvogel, Kiebitz, Wachtelkönig und Wiesenpieper – streng geschützte Vögel, die bayernweit auf der Roten Liste der vom Aussterben bedrohten Arten stehen. Nach dem Abschmelzen der letzten Gletscher vor etwa 10.000 Jahren war das Gebiet von einem flachen See bedeckt. Schilf, Seggen und Binsen wuchsen allmählich

Herbststimmung: Zu Fuß auf dem lehrreichen Moorrundweg durch das Schönramer Filz.

hinein, der See verlandete und wurde zu einem Niedermoor – süddeutsch: Moos. Ende des 18. Jh. wurde das Moor entwässert, um die Flächen für die Landwirtschaft nutzbar zu machen. Die Wiesenmahd wurde als Einstreu genutzt, daher der Begriff Streuwiese.

Es geht hinab vom Höhenrücken und rechts Richtung Leustetten. Wenige Meter vor einem Vogelbeobachtungsstand gegenüber einer Feldscheune orientieren wir uns erneut Richtung Leustetten. Dort angekommen treffen wir den „Frosch" wieder und folgen ihm nach Saaldorf. Auf der Stalberstraße geht es südwärts aus dem Ort hinaus, beim Vorfahrtsschild rechts und kurz darauf links nach Sillersdorf. Das Frosch-Symbol des Moor und Moos-Radwegs führt uns sicher durch Sillersdorf, über die Sur und das Gelände der Golfanlage Berchtesgadener Land, an dessen Rand das Örtchen Weng mit Einkehr- und Übernachtungsmöglichkeiten liegt. Nach der Fahrt vorbei am Golfplatz, noch vor der B 304, halten wir uns links. In Mühlreit fahren wir unter der Eisenbahn hinweg und kommen zum Torfbahnhof Ainring (Führungen nach Anm., www.ainringer-moos.de). Das Ainringer Moos ist ein Niedermoor, an dessen Nordostrand sich bereits ein Hochmoorbereich gebildet hat. Zwischen den 1920er Jahren und 2003 wurde der Torf als Streu- und Brennmaterial abgebaut. Anfang der 1950er Jahre waren bis zu 60 Personen im Torfwerk angestellt. Die Gleise der Torfbahn hatten eine Gesamtlänge von etwa 13 km. An der Buswendeschleife vorm Torfbahnhof nehmen wir den Radweg, der unter der Bundesstraße hindurch und danach neben ihr entlangführt. Wir

folgen der Straße nach Thundorf und kommen am Zugang zum Moosrundweg vorbei.

Der „Frosch“ begleitet uns über Ottmaning nach Vachenlueg – in den Ort geht es recht steil bergauf. Der Moor und Moos-Radweg steigt weiter bis hinter Steinhögl, wo wir mit einem fantastischen Ausblick belohnt werden. Anschließend rollen wir hinab und dürfen den Abzweig der Thalstraße nicht verpassen – achte unbedingt auf ein Schild, das an einem Hauptstraßenschild angebracht ist! Wir ignorieren alle Abzweige und lassen uns nicht von einem kurzen Schotterabschnitt vor Eggenholz irritieren. Bei einem Buswartehäuschen treffen wir auf die Staatsstraße St 2103, fahren nach links talwärts und biegen rechts ab Richtung Kloster Höglwörth. Eine Einkehr beim Klosterwirt gehört gewissermaßen zum Pflichtprogramm. Am Högelwörther See gibt es einen Badeplatz (Mai–Sept. bei schönem Wetter 9–19 Uhr, Eintritt frei).

Am Ende des Klosterparkplatzes folgen wir dem Bodensee-Königssee-Radweg. Gemeinsam mit dem Rupertiwinkel-Radweg führt er durch das Ramsauer Bachtal zur modernen Bruder-Klaus-Kapelle im Wald. Bald endet das schöne Tal, wir fahren unter der B 304 hindurch und kommen zum Waldschwimmbad Teisendorf, das Anfang 2022 wegen Sanierung geschlossen war. Vorm ersten Weiher halten wir uns rechts um das Schwimmbad herum und kürzen auf einem Wiesenpfad zur Wörlach-Kapelle ab. Auf dem Asphaltsträßchen fahren wir nach rechts ins Örtchen Grubenhaus, wo wir uns links zur Hauptstraße orientieren und ihr nach Nordwesten bis zum Abzweig zum Bahnhof Teisendorf folgen.

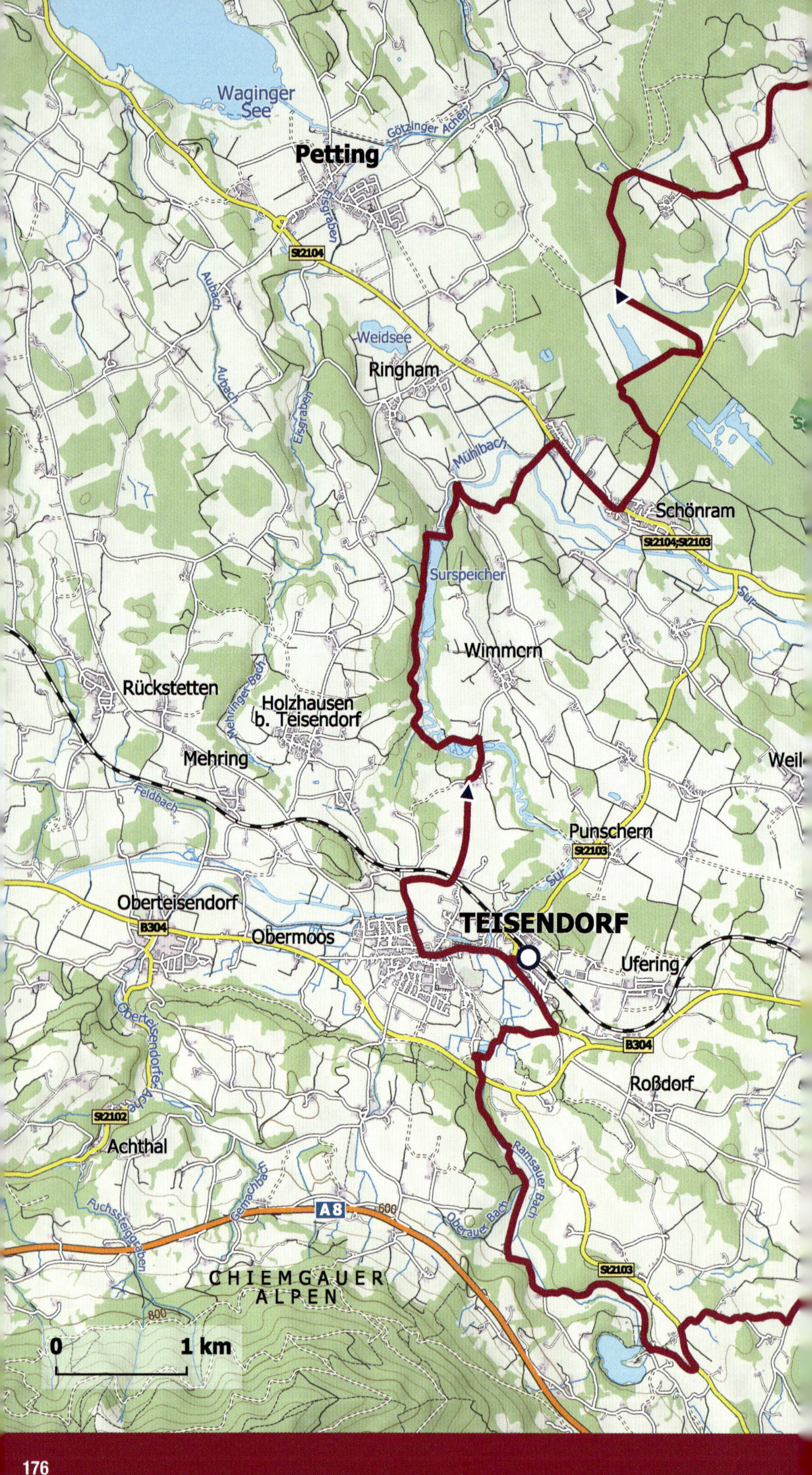
Waginger See
Petting
Götzinger Achen
Eisgraben
St2104
Aubach
Weidsee
Ringham
Mühlbach
Schönram
St2104;St2103
Surspeicher
Sur
Wimmern
Rückstetten
Holzhausen b. Teisendorf
Wehringer Bach
Mehring
Weil
Feldbach
Punschern
St2103
Oberteisendorf
TEISENDORF
B304
Obermoos
Ufering
B304
Roßdorf
Oberteisendorfer Ache
St2102
Achthal
Ramsauer Bach
Gernachbach
A8
600
Oberauer Bach
Fuchssteiggraben
St2103
CHIEMGAUER ALPEN
800
0
1 km

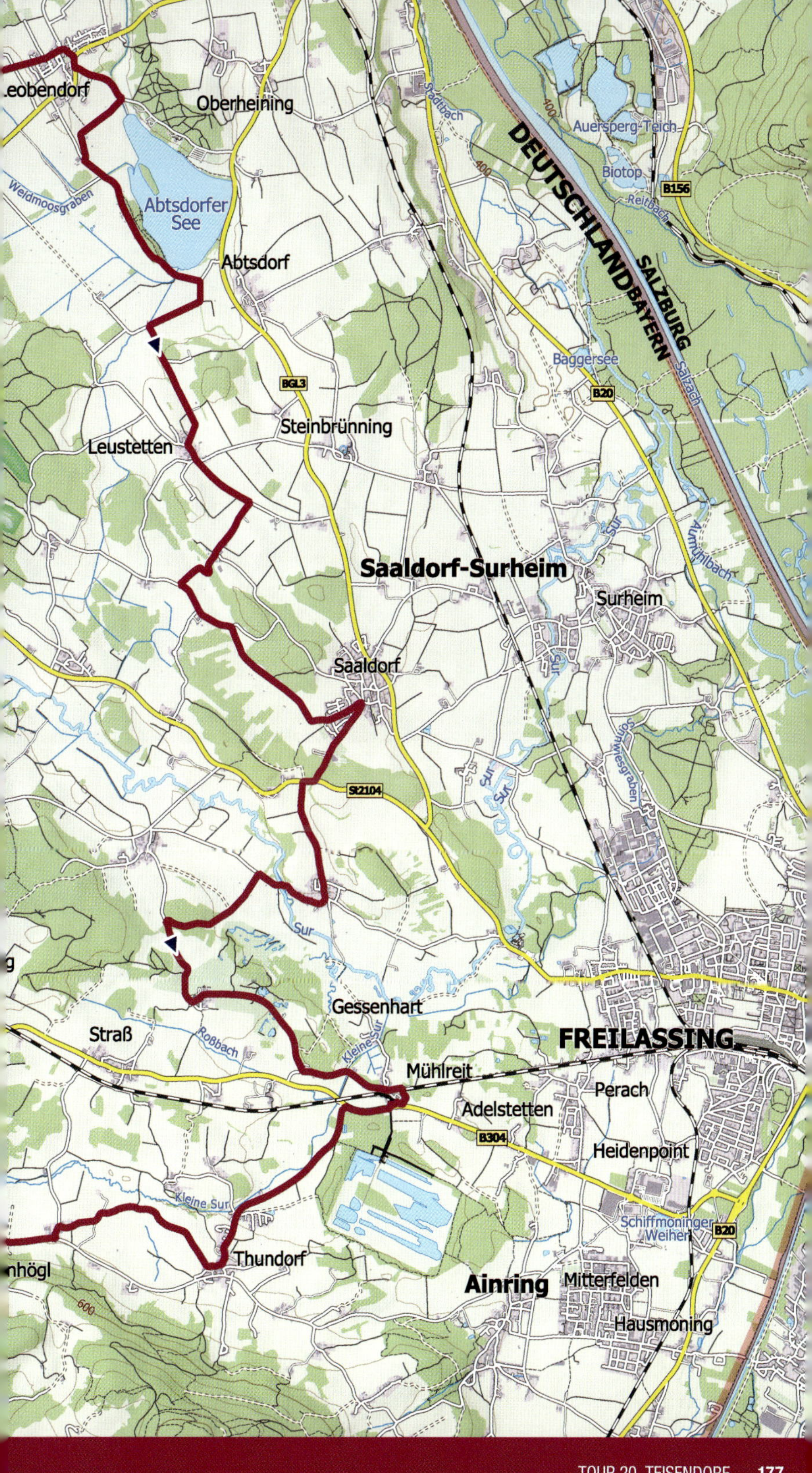
Leobendorf
Oberheining
Weidmoosgraben
Abtsdorfer See
Abtsdorf
Stadtbach
DEUTSCHLAND
BAYERN
SALZBURG
Auersperg-Teich
Biotop
B156
Reitbach
Baggersee
Salzach
BGL3
B20
Steinbrünning
Leustetten
Saaldorf-Surheim
Surheim
Sur
Aumühlbach
Saaldorf
Sonnwiesgraben
St2104
Sur
Gessenhart
Straß
Roßbach
Kleine Sur
Mühlreit
FREILASSING
Perach
Adelstetten
B304
Heidenpoint
Kleine Sur
Schiffmoninger Weiher
B20
Thundorf
Ainring
Mitterfelden
Hausmoning

Die schönsten Kilometer im

21 ACHENTAL

Start/Ziel

ORTSMITTE GRASSAU

Rundtour

36,9 Kilometer

510 Höhenmeter

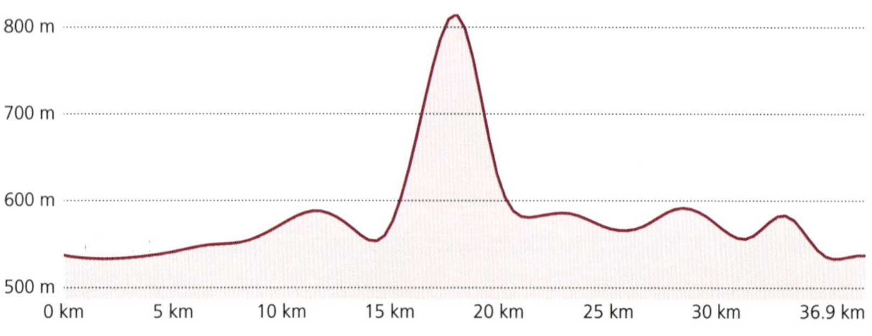

Das Achental bietet gut beschilderte Radwege in traumhafter Kulisse.

Die Tiroler Achen versorgt den Chiemsee mit frischem Wasser aus den Alpen. Zwischen der bayerisch-tirolerischen Landesgrenze und den nördlichsten Alpengipfeln formte der Fluss ein malerisches Tal, in dem es sich bequem radeln lässt. Sportlich ist dagegen die Auffahrt zur Streichenkirche.

Ohne die Bergetappe zur Streichenkirche und den Abstecher zum Filzenblick eine leichte Rundfahrt, ansonsten eine MuskulaTour. Für die meisten Kinder dürfte jedoch auch die Talstrecke zu lang sein. Die Rundfahrt im Tiroler Achental verläuft mit wenigen Höhenunterschieden und eignet sich deshalb auch für Familien mit Kindern oder als Feierabendtour. Wer nicht zur Streichenkirche hinauffährt, spart 5,6 km Strecke und 240 Höhenmeter. Die Streichenkirche gehört zu den sehenswertesten Gotteshäusern im Chiemgau und vom Ruheplatz vor der Kirche bietet sich ein einzigartiger Ausblick auf das Achental. Unsere Radtour beginnt in der Ortsmitte von Grassau bei der ursprünglich gotischen und später barockisierten Pfarrkirche Mariä Himmelfahrt. Auf dem Kirchplatz befand sich früher ein Richtplatz, heute ziert ihn ein interessanter Brunnen mit einer Statue von König Ludwig II. von Bayern. In der Rechtskurve der Hauptstraße vor der Kirche halten wir uns links in den Birkenweg (keine Radwegzeichen). Hinterm Kindergarten

Highlights
am Wegesrand

Km 27,6

Im Vorbeifahren sieht man nicht viel vom Hochmoor Mettenhamer Filze. Deshalb lohnt sich der Abstecher zum Filzenblick, auch wenn man das Rad die letzten paar Meter stehen lassen muss.

7

Linden standen früher oft an besonderen Orten, wo Menschen Kraft schöpften. Bei den sieben Linden in Raiten soll einst eine weibliche Holzfigur von der Tiroler Achen angeschwemmt worden sein, die vor allem von Frauen verehrt wurde. Im 16. Jahrhundert wurde das Ritual unterbunden: Das Stift Herrenchiemsee beschlagnahmte die Figur und förderte fortan die Marienwallfahrt.

Km 18

Die Streichenkirche, eigentlich Filialkirche St. Servatius, wurde vermutlich Ende des 13. Jh. errichtet und war früher eine Wallfahrtskirche. Das Gotteshaus auf dem Schlossberg hoch überm Achental zeigt eine beeindruckende spätgotische Innenausstattung. Die Originalausmalung stammt aus dem 14. Jh.

fahren wir geradeaus in einen kombinierten Fuß- und Radweg. Wir folgen dem Schild „Wanderwege“ und fahren erneut auf einem Fuß- und Radweg. Bei einer Bushaltestelle nutzen wir die Unterführung. Wir nehmen die Kramerstraße bis zum Ende, biegen links ab und fahren bei fünf Garagen gleich wieder rechts. Damit befinden wir uns auf dem markierten Salinen-Radweg. An der Hauptstraße folgen wir dem Radweg nach links zum Kreisverkehr und überqueren gleich anschließend die Tiroler Achen. Unmittelbar nach der Brücke biegen wir rechts ab und vertrauen den Radwegweisern nach „Unterwössen 5,5 km“ und „Marquartstein 2,8 km“. Bis Marquartstein rollen wir eben auf dem Hochwasserschutzdamm der Tiroler Achen dahin. Wenn du das kleine Zentrum des hübschen Orts erkunden willst, musst du über die Achenbrücke fahren und sofort rechts in die Staudacher Straße abzweigen.

Die kunsthistorisch wertvolle Streichenkirche steht 800 m Seehöhe hoch über dem Achental.

Unsere Route verläuft vorerst weiter östlich der Tiroler Achen: Wir folgen der Alten Dorfstraße südwärts. Wenige Meter vor der B 305. weist uns die Radwegbeschilderung „Unterwössen 1,4 km“ den Weg. Der Achentalradweg führt unter der Bundesstraße hindurch und begleitet dann den Fluss, bevor er entlang einer Baumreihe Richtung Unterwössen zieht. Kurz vor der Pfarrkirche St. Martin, die spätbarocke und klassizistische Baustilmerkmale vereint, erreichen wir erneut die B 305. Direkt gegenüber der Kirche fahren wir rechts in die Alte Dorfstraße – an der Ecke gibt es eine Eisdiele. Wir orientieren uns an der Radwegbeschilderung Richtung Schleching und überqueren am Ortsausgang Unterwössen die Tiroler Achen. Am Ende der Brücke geht es links nach „Schleching 4,4 km“.

Bald führt der Achentalradweg entlang der Mettenhamer Filze. Versteckt hinter einem dichten Gürtel aus Latschenkiefern befindet sich ein echtes Naturparadies, das zurecht Naturschutzgebiet ist. Im Gegensatz zu vielen anderen Hochmooren blieben die Mettenhamer Filze von menschlichen Eingriffen weitestgehend verschont und sind bis heute Lebensraum für eine speziell angepasste Gemeinschaft von Pflanzen und Tieren. Im nährstoffarmen Hochmoor gibt es zum Beispiel den Rundblättrigen Sonnentau, eine fleischfressende Pflanze. Sie verdaut Insekten, die an ihren Fangblättern kleben bleiben.

Bei einem Parkplatz kommen wir erstmals der B 307 nahe. Dort folgen wir dem Schild „Ettenhausen über Achendamm 4,5 km“. Neben uns plätschert

Das Dorf Unterwössen.

zuerst der Mühlbach und dann die Tiroler Achen. Nach mehr als 2 km Fahrt auf dem Achendamm erreichen wir die Brücke der B 307 über die Tiroler Achen. Wer nicht zur Streichenkirche hinauf will, kann nun gleich Richtung Ettenhausen weiterfahren.

Wir überqueren mit der Bundesstraße die Tiroler Achen und folgen der viel befahrenen B 307 noch ein Stück, bevor wir links abbiegen. Die Auffahrt zur Streichenkirche ist eindeutig beschildert. Nach den ersten 120 Höhenmetern hört der Asphaltbelag auf und wir strampeln auf einer breiten Schotterstraße noch einmal etwa 120 Höhenmeter bergan. Schließlich endet unsere Bergetappe am Berggasthof Streichen. Die letzten hundert Meter zur Streichenkirche, die auf über 800 m Seehöhe liegt, muss man zu Fuß gehen.

Von der Streichenkirche rollst du auf bekanntem Weg talwärts zur Tiroler Achen. Am Ostufer, direkt bei der Brücke, gibt es eine größere Kiesbank. Bei Niedrigwasser kannst du dort deine Füße abkühlen und rasten. Am westlichen Brückenende biegen wir rechts auf den Weg, den wir gekommen sind, und dann sofort links ab, sodass wir unter der Bundesstraße hindurch gelangen. Auf dem asphaltierten Achentalradweg geht es südwärts auf zwei Feldscheunen zu. Dort angekommen, halten wir uns rechts und später nochmals rechts. So erreichen wir am Ortsrand von Ettenhausen eine Kreuzung von fünf Wegen. Dort folgen wir der Radwegmarkierung, später dem Schild „Schleching 1,7 km". Wir achten auf die Kapelle Ettenhausen mit traditioneller Holzdeckung, bevor wir auf dem gut gekennzeichneten Achentalradweg

bis in den kleinen Urlaubsort Schleching mit mehreren Einkehrmöglichkeiten brausen.

In Schleching düsen wir nur kurz an der Bundesstraße entlang, bevor die Radwegbeschilderung nach Mühlau weist. Hinterm Mühlbach rechts und kurz darauf wieder links Richtung Mettenham. Dort halten wir uns an einer T-Kreuzung links in die Brandlstraße (der Radweg führt nach rechts zur B 307). Hinter dem letzten Haus am Waldrand geht es nach links bergauf zum Filzenblick (etwa 300 m einfache Strecke und rund 50 Höhenmeter). Die letzten Meter zum Aussichtspunkt müssen wir zu Fuß gehen. Nach dem Abstecher geht es beim letzten Haus geradeaus, vorbei am Campingplatz Zellersee erneut zur B 307.

Für die nächsten 1,4 km nutzen wir den Straßenradweg, anschließend führt uns der Achentalradweg nach Raiten. Gleich am Ortseingang erhebt sich die Wallfahrtskirche Raiten. Die Marienkirche „Unserer Lieben Frau zu den sieben Linden“ ist im Kern ein romanischer Bau aus dem 12. Jahrhundert, der Chor stammt aus der Spätgotik um 1440. An Christi Himmelfahrt ist die Kirche alljährlich Ziel einer Wallfahrt aller Trachtenvereine des Achentals. Ab Raiten finden wir Radwegschilder Richtung Grassau und können uns nicht verfahren. Wir kommen noch an zwei sehenswerten Kapellen vorbei: der St.Wolfgang-Kapelle bei Süssen und der Hofkapelle nördlich von Piesenhausen, wo wir bei einem Griechen einkehren können. Zurück nach Grassau sind es noch gut 2 km.

Hachau
Wassergraben
Rottauer Bach
Hochpla
Tennbodenbach
Rossbarmgraben
Goriloch
Sultensattel
Hochplattenscharte
Schlechinger
Scharte
Wimbach
Dalsenbach
Oberau
Mühlau
Mühlbach
Mettenham
Steindlgraben
Schleching
Landerhausen
Alpbach
Geigelstein
Tiroler Achen
B307
Achberg
Ettenhausen
Wagrain
Schneiderhanggraben
0
1 km

Hindling
Kucheln
B305
Oberdorf
Grassau
TS45
B305
Reifing
Staudach
TS55
Alpbach
Kehrergraben
Reifinger See
TS45
Schnappenwinkl
800
Tennbodenbach
Pettendorf
Freiweidach
1000
Niedernfels
Marquartstein
Alpbach
TS34
iedernfels
Piesenhausen
1200
B305
Gränzmühle
Vogllug
TS55
Oed
Weitalm
anzing
Tiroler Achen
Hängthal
1400
Süssener und
Lanzinger Moos
Agg
Süssen
Donau
Geisenhausen
Gewerbegebiet
Agg
Raitener Bach
1000
800
B307
Raiten
Manzenberg
Wiesen
Kaltenbach
Hörterer Graben
Unterwössen
Widholz
Tiroler Achen
1200
Hamprechtsau
Wössener Bach
Rexau
600
Hacklau
Wössener See
Kruchenhausen
Lendbichl
Hammer
Stücklschneid
Litzelau
Brem
B305
800
Hammerer Graben
800
Hinterwössen
Oberwössen
Schlierbach
Moosbach
Roßstallgraben
Schlierbach
800
1000
1000

Die schönsten Kilometer um

22 SIEGSDORF

Start/Ziel

BAHNHOF SIEGSDORF

Rundtour

39,3 Kilometer

550 Höhenmeter

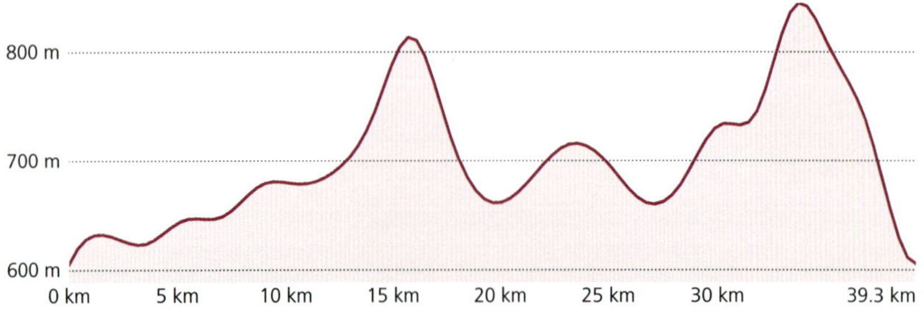

Ruhpolding liegt malerisch inmitten der Berge.

Auf unserer Radtour treffen wir auf Spuren des Eisenerzbergbaus und der Hammerwerke, in denen das Eisen weiterverarbeitet wurde. Wir erleben das Hochmoor Inzeller Filzen, besuchen einen ehemaligen Marmorsteinbruch und besichtigen eine der bedeutendsten Wallfahrtskirchen des Chiemgaus.

Sportliche Tour in den Bergen. Für Mountainbikes und E-Bikes problemlos, Tourenräder müssen vielleicht an wenigen Stellen geschoben werden. Mit Anhänger ist die Tour nicht zu empfehlen.

Die Rundfahrt, für die wir einen ganzen Tag einplanen sollten, beginnt und endet am Bahnhof Siegsdorf der Strecke Traunstein–Ruhpolding. Am Bahnhof gibt es kostenfreie Parkplätze und einen Radsportladen mit Fahrradschlauch-Automat. Von hier folgen wir dem Radwegschild zur Hauptstraße und fahren auf ihr nach rechts. Nach dem Bahnübergang geht es am Rathaus vorbei bergan. Bei der Bushaltestelle kurz vor einem Kreisverkehr biegen wir rechts ab in die Wagnerstraße. Wir ignorieren alle abzweigenden Straßen und halten uns an ihrem Ende links. Es geht über die Staatsstraße St 2098 hinweg und den Radwegweisern Richtung Teisendorf und Inzell nach. Wir nutzen den Radweg neben der Bundesstraße B 306 und folgen dann der Beschilderung zum „Ferienpark Vorauf". Die Straße verfügt

Highlights
am Wegesrand

Km 10
Kapellen sind im Chiemgau und Rupertiwinkel wahrlich keine Seltenheit. Doch manche sind unvergleichlich. Farbige Holzkapellen sind viel seltener als weiß getünchte Steinkapellen. Und ich kenne keine Holzkapelle, die vor einer eindrucksvolleren Kulisse steht als die St.-Antonius-Kapelle. Sie ist ein wahres Kleinod!

5,3 km
lang sind die beiden Moorlehrpfade „Moorexpedition" und „Zeitreise" durch das Hochmoor Inzeller Filzen. Es sind Fußwege, die nicht verlassen werden dürfen. An 27 Stationen erfährst du alles Wissenswerte über den Lebensraum Hochmoor und seinen Schutz.

Km 33,7
Auf dem Weg von Maria Eck zur neu erbauten Waldkapelle bei der kleinen Mariengrotte genießen wir den Blick auf die umliegenden Berge Halte bei der Kapelle inne und radle dann noch ein Stückchen weiter zum Chiemseeblick, wo es eine Bank mit Picknicktisch gibt.

über einen Radweg, auf dem wir ins Tal der Roten Traun hinabrollen. Nach Querung des Flusses nehmen wir den Abzweig nach rechts – Beschilderung: „Mühle St. Johann". Damit befinden wir uns auf dem Mozartradweg, auf dem wir etwa 17,5 km radeln. Erst an der Brücke über die Weiße Traun in Ruhpolding werden wir ihn verlassen.

Als erster Stopp auf dem Weg nach Ruhpolding empfiehlt sich der Mühlenladen in der alten Mühle St. Johann (Mo–Fr 8–18 Uhr, www.muehle-st-johann.com). Die Getreidemühle wurde erstmals 1506 urkundlich erwähnt. Ursprünglich wurde sie nur von der Wasserkraft des Mühlbachs angetrieben, der Wasser von der Roten Traun abführt. Weil die Rote Traun regelmäßig zu wenig Wasser führt, wurde 1926 eine Turbinenanlage eingebaut, die bis heute funktioniert. Die Wasserkraft dient nur noch zur Stromerzeugung. Im Mühlenladen kann man neben ande-

Die St.-Antonius-Kapelle vor der Bergkette zwischen Gamskogel (1.750 m) und Hochstaufen (1.771 m).

ren Naturprodukten mehr als 25 verschiedene Mehle, Schrote und Griese kaufen.

Der Mozartradweg folgt dem Tal der Roten Traun bis Hammer. Die Bischöfe von Salzburg betrieben am Teisenberg einen Eisenerzbergbau. Eine Schmelzhütte mit Hammerwerk wurde im 14. Jahrhundert errichtet – so kam Hammer zu seinem Namen. In der Schmiedstraße befindet sich der Hammerwirt (Hotel und Gasthof Hörterer, Do–Mo, www.der-hammerwirt.de). Bei der Kirche St. Rupertus auf der anderen Seite der Bundesstraße gibt es einen Dorfladen. Vom Hammerwirt radeln wir zur Bundesstraße und durch eine Unterführung.

Wir folgen dem bequemen Asphaltsträßchen durch das Rote Trauntal. Im Spätsommer und Herbst könnte man sich wie in Kanada fühlen, wäre da nicht der Einödhof Wien mit der wundervollen St.-Antonius-Kapelle. Wir stellen das Fahrrad am Wegpunkt ab und steigen das kurze Stück zu Fuß hinauf – es lohnt sich! Danach fahren wir weiter auf dem Mozartradweg mit dem Hochmoor Inzeller Filzen linker Hand. Den Beginn des Inzeller Moorlehrpfads „Moorexpedition“ markiert eine große Hölzerne Lupe. Ab da fahren wir südwärts bis zur Frauenkirche Inzell. Die Kirche „Zu unserer lieben Frau“ ist mehr als 550 Jahre alt. Wenn du einen Abstecher in den Ort machen willst, folgst du vor der Kirche der Schmelzerstraße nach links –

Berühmte Wallfahrtskirche:
In Maria Eck soll Papst Benedikt XIV. viel Zeit verbracht haben.

unser Weiterweg führt dort nach rechts (Schild: „Ruhpolding 9,5 km").

Die Beschilderung führt uns zuverlässig zur Kesselalm (Do–Di, www.kessellifte.de), wo wir drinnen in rustikalem Holz oder auf der Terrasse sitzen, von der man einen herrlichen Blick auf die umliegenden Berge, Inzell und das Skigebiet hat. Richtung Ruhpolding läuft der Mozartradweg durch das Windbachtal zunächst um den Auer Berg herum, folgt später dem Windbach und stößt auf die Weiße Traun, die wir auf einer aussichtsreichen Brücke beim Ruhpoldinger Ortsteil Fuchsau überqueren. Auf der Westseite des Flusses verläuft der Mozartradweg südwärts – dort verlassen wir ihn, radeln zur Hauptstraße und schlagen die Richtung „Urschlau 7,4 km" ein.

Hinter Fuchsau nutzen wir den für den Motorverkehr gesperrten Weg („Landwirtschaftlicher Verkehr frei"). Wenn wir uns umdrehen, haben wir einen sehr schönen Blick auf den 1.671 m hohen Rauschberg, Ruhpoldings Hausberg. Markant sind die großen Geröllfelder aus verwittertem Wettersteinkalk, der am Rauschberg in bis zu 700 m Mächtigkeit auftritt. Vor allem Frost und Niederschlagswasser sorgt für die Verwitterung des Gesteins, das die steilen Hänge herabrutscht. Weiß-grüne Radwegschilder und die Markierung Chiemgau MTB-Marathon leiten uns in die Siedlung Gstatt, dort folgen wir der

Beschilderung „Urschlau 5,6 km". Beim Vorfahrtsschild links und gleich wieder rechts: Über den Guglberg hinweg kommen wir nach Bärngschwendt und dann ins Tal der Urschlaucher Achen. Beim Stoppschild biegen wir rechts ab und kurz darauf links. An einem Mineralienladen vorbei geht es steil bergan zum Geotop Marmorsteinbruch Ruhpolding. Im Steinbruch wurde farbiger, vor allem roter und rotbrauner Kalkstein abgebaut. Er ist kein echter Marmor, war jedoch als Baumaterial sehr beliebt, zum Beispiel für die Ausstattung von Kirchen. Das Gestein entstand untermeerisch im Erdzeitalter Jura und enthält viele Fossilien. Der kurze Schotterweg hinauf zum Steinbruch ist steil, Tourenräder schiebt man besser. Die weitere Strecke nach und durch Maiergschwendt ist leicht. Hinter Maiergschwendt folgen wir dem Chiemgau MTB-Marathon durch Obergschwendt und werden mit einer tollen Aussicht auf Ruhpolding belohnt. Alternativ bleiben wir auf der Maiergschwendter Straße. In jedem Falle halten wir uns an der Hauptstraße in Ruhpolding auf dem Straßenradweg nordwärts und folgen diesem eine ganze Weile.

Den Straßenabzweig nach Neustadl dürfen wir nicht verpassen! Bei einem Holzlagerplatz in Neustadl orientieren wir uns mit Hilfe des gelben Wanderwegschilds „Diesselbachstube 30 min/Maria Eck 1 h". Der Weg ist Teil der Mountainbike-Tour Chiemgau-King und bis zur Diesselbachstube mit Tourenrad gut befahrbar. Dann wird er für schmale Reifen etwas unbequemer – vielleicht musst du dein Bike schieben. Noch vor Maria Eck (Klostergasthof Di–So, www.klostergasthof-mariaeck.de) erreichen wir wieder Asphalt und schnaufen das finale Stück hinauf zur Wallfahrtskirche. Die Gründung geht auf eine Legende zurück, wonach Holzfäller in diesem Gebiet immer wieder Lichterscheinungen gesehen haben. Die erste kleine Kapelle anstelle der heutigen Kirche entstand zu Beginn des 30-jährigen Kriegs. Noch vor dessen Ende wurde die Kirche errichtet. Das Franziskaner-Minoritenkloster wurde ebenfalls im 17. Jahrhundert gegründet. Bevor wir talwärts nach Siegsdorf rollen, können wir noch einen Abstecher zur Waldkapelle und zum Chiemseeblick machen.

SIEGSDORF
Oed
Thalham
Osterham
Reuten
Spirka
Schlagbach
600
TS3
Bad Adelholzen
Rudhardt
Hochgalling
Kronberg
Höpfling
Alzing
Bichl
Weiße Traun
Unterscharam
Hilzing
Kühleiten
Holnstein
Schöneck
TS5
Oed
Eßbaum
Dafeicht
Daxbach (Weiler)
Hasling
Schmidwald
Spatzreit
Lohmann
Scharam
Unterwald
Wiesen
Grub
Oberwald
Oberscharam
Eisenärzt
Reinerbach
Bucheck
Dießelbach
St2098
Reit
Dießelbach
Dießelbach
Gastag
Eckhof
800
Gschwend
Öd
Neustadl
1000
Edergraben
Zwicklinger Graben
Tiefenbach
Tiefenbach
Untermiesenbach
Vordermiesenbach
Lohen
IM SPECK
Bibelöd
Wundergraben
Wiesen
Weiße Traun
Am Wundergraben
Steinbach
Ruhpolding
Steinbach
Hadermarkt
Obergschwendt
Steinberg
TS43
TS35
Urschlauer Achen
Buchschachen
Blicken
800
1000
Kollerbach
Niedervachenau
Hinterreit
Mühlwinkl
Egg
Maiergschwendt
Brandstätt
Mitterwegen
Schwaig
Wasen
Thoraubach
Guglberg
St2098
Gstatt
Haßlberg
TS41
Geiern
Stocking
0
1 km
Bärngschwendt

VORAUF
FEICHTEN
Ferienpark Vorauf
Leiten
Frauenstätt
Aich am Riedl
Zuhausen
Wimm
Krutzling
Oberunterberg
Mauerriedl
Wald
Unterberg
Lindl
Feilenreit
Hachau
Geisreit
Flink
Hammer
Habach
Kök
Mauer
Kaßgraben
Farnbichl
Scheiblegg
Wagenau
Oberwagenau
Obergschwendt
Meisau
Thal
Thurn
Unterau
Holzen
Boden
Gschwall
Weißenbach
Panholz
Ed
Fantenberg
Vordergschwall
Schwarzberg
Eben
Wien
Windgrat
Wald
Froschbach
Rote Traun
Gschwendt
Kaitl
Ramsen
Sulzbach
Obereben
Untereben
Infang
Oberhausen
Hinterbichl
Schürzbichl
Vorderbichl
Niederachen
Kienau
Sulzbach
Point
Endsee
Hallweg
Au
Aschenau
Reiten
Kohlgrub
Ried
Gnaig
Plenken
Stadler
Labenbach
Rauchenbichl
Östliche Chiemgauer Alpen
B306
B305
TS40

Die schönsten Kilometer um den

23 SIMSSEE

Start/Ziel

BAIERBACH

Rundtour

21,4 Kilometer

160 Höhenmeter

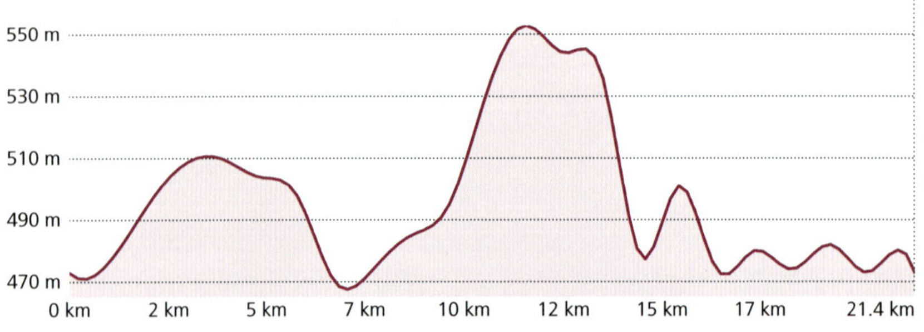

Sommer, Sonne, Simssee: Einmal rund um den zweitgrößten See im Chiemgau.

Um den Simssee führt ein gut markierter Radrundweg. Ab und an weichen wir von ihm ab und besuchen sehenswerte Plätze, die auf der offiziellen Runde ausgespart wurden. So wird aus der „gewöhnlichen" Runde eine echt runde Sache.

Die Rundfahrt ist nicht schwer. Mit Kindern kann man sie gut als Tagestour planen – dank der Bademöglichkeiten wird es den Kleinen bestimmt nicht langweilig. Spielplätze gibt es an den Badeplätzen auch.

Als Startpunkt wählen wir einen der kostenlosen Parkplätze beim Badeplatz Baierbach. So können wir nach der Tour noch schwimmen gehen oder am Strand entspannen. Im Sommer ist das kostenfreie Strandbad gut besucht, vor allem an Wochenenden: Dann kann es sein, dass wir nachmittags weiter entfernt parken müssen.

Wir folgen dem Radweg ostwärts und fahren in einer Linkskurve in die Krottenmühlstraße. Sie führt auf die zweigleisige Eisenbahnstrecke München–Salzburg zu und folgt ihr sodann parallel. Wir bleiben etwa 1 km lang auf der Krottenmühlstraße, bevor wir der abbiegenden Hauptstraße nach links nachfahren und die Eisenbahnstrecke Richtung Prutting unterqueren. Bis Edling geht es etwas bergan, dort biegen wir rechts ab nach Inzenham. Von der Anhöhe vor Inzenham genießen wir

Blick auf den Simssee und die Berge vom Aussichtsturm.

einen schönen Ausblick auf den Simssee und die Berge. In Inzenham biegen wir Richtung Salmering und Ullerting ab. Wir rollen hinab in eine Senke und strampeln anschließend leicht bergauf. An einem eingezäunten Tümpel mit Ruhebank führt die Straße links nach Salmering – wir fahren jedoch geradeaus auf dem Schotterweg Richtung Untershofen und Krottenmühl. Der unbefestigte Weg steigt durch ein Waldstück leicht an, danach erreichen wir die Anhöhe vor Krottenmühl mit Rastbänken bei einem gusseisernen Feldkreuz, wo wir eine schönen Aussicht haben. In Krottenmühl mündet unser Weg in eine Asphaltstraße: Wir biegen links ab, fahren leicht bergan und gleich wieder rechts in die Innthaler Straße. Schon nach wenigen Metern zweigen wir in die Mühlstraße ab und folgen ihr aus dem Ort hinaus Richtung Thalkirchen. Bald geht es talwärts und an der Eisenbahn entlang. Am Ende der Mühlstraße fahren wir nach rechts durch die Bahnunterführung und nehmen die Straße geradeaus Richtung Thalkirchen. Rechter Hand erstreckt sich nun der Simssee in voller Länge. Wir stoppen am Aussichtsturm hinter dem Weiler Eichen, um das großartige Panorama vom erhöhten Standpunkt aus zu genießen.

Wir rollen weiter am Nordostufer des Simssees eben dahin. Wer einen Badestopp einlegen will, fährt zum Campingplatz Stein, denn dort gibt es einen Seezugang. Ansonsten geht es weiter auf der schmalen Asphaltstraße, die bald neben der Thalkirchner Achen verläuft, einem Zulauf des Simssees. Wir erreichen die Kirche St. Andreas von Thalkirchen, die als älteste der Region gilt.

Highlights
am Wegesrand

Doch wir sollten auch nicht die Blumen übersehen, die im Frühjahr auf den Wiesen um den Aussichtsturm herum blühen. Hier wachsen seltene Orchideen und Schwertlilien. Pflücken verboten!

Badespass
Ideal für Familien mit Kindern: Der ganzjährig geöffnete und kostenfreie Badeplatz Pietzing hat den breitesten und flachsten Strand am Simssee. Und einen Imbiss gibt's auch.

14
Ziffernblätter und 50 handgeschnitzte Figuren sind Teile der größten Kunstuhr der Welt, die du im Gasthof Gocklwirt bestaunen kannst. Die 5 Meter breite und 3 Meter hohe Uhr wurde von 1879 bis 1881 vom Bauernsohn Josef Greß gebaut und zeigt neben Uhrzeiten der größten Städte Europas das Datum und Mondphasen an.

Km 6,7
Vom Aussichtsturm am Nordostufer überblicken wir den Simssee in seiner ganzen Länge. Wir erkennen die auf einer Anhöhe gelegene Kirche Maria Stern von Neukirchen, und majestätisch ragen die Alpengipfel empor.

Wir überqueren am Parkplatz unterhalb der Kirche die Thalkirchener Achen und radeln noch ein Stück auf Asphalt weiter, bis wir im Weiler Stauden auf die Hauptstraße stoßen. Der folgen wir nach links bis zur Bushaltestelle beim Wirtshaus zum Letten und biegen vor der Gaststätte rechts ab Richtung Ulperting und Achthal. Wir fahren durch das Thalkirchener Achental vorbei am Abzweig zur Burgruine Speckerturm bis zum Abzweig nach Ulperting, wo wir gerade weiterradeln. In einer Rechtskurve überqueren wir die Thalkirchener Achen und strampeln bergauf Richtung Irnkam, Schralling und Moosen. An der Kreuzung bei Irnkam bleiben wir geradeaus auf dem beschilderten Simssee-Rundweg und ignorieren die links abzweigenden Rad- und Wanderwege. Achtung! Etwa 400 m weiter, bei einem Stall gegenüber einer Scheune, biegen wir halb links ab und folgen einem Betonplattenweg parallel zum Waldrand aufwärts. An dieser Stelle fehlte während der Recherchen die Markierung

Gilt als eine der ältesten der Region: Kirche St. Andreas in Thalkirchen.

des Rundwegs. Der Plattenweg geht in einen Feldweg über und auf der Höhe erreichen wir den Rastplatz Moosen. Picknicktisch und Bänke werden von einer Sammlung eiszeitlicher Findlinge umrahmt; Steine, welche die Gletscher der letzten Eiszeit aus den Alpen ins Voralpenland transportierten. Über die geologischen Grundlagen und die verschiedenen Gesteinsarten können wir vor Ort nachlesen.

Vom Rastplatz fahren wir südwestwärts. Der Radweg Riederinger Rundn verläuft durch die Siedlung Moosen. Am Vorfahrtsschild an der Ostgatternstraße biegen wir links ab. Am Ortsausgang Moosen zweigen wir rechts in eine Schotterstraße ab. Am nächsten Vorfahrtsschild radeln wir geradeaus und in Ackersdorf folgen wir vor den ersten Häusern der Radwegbeschilderung Riederinger Rundn in Richtung Pietzing und Simssee. Vorbei an einer Kapelle kommen wir zur Kirche St. Stephanus und St. Laurentius von Pietzenkirchen. „Pitzinga“ wurde schon im 8. Jh. urkundlich er-

wähnt. Die erste Kirche dürfte bereits im 9. Jh. existiert haben, denn fast alle Kirchen mit den Patronen Stephanus und Laurentius gehen auf die vor- und frühromanische Zeit zurück. Einer Legende nach sollte die Kirche woanders gebaut werden, doch ein Rabe habe die abfallenden Hobelspäne immer wieder an den jetzigen Platz getragen. Da glaubte man, dass es Gottes Wille sei, sein Haus am schönsten Punkt der Gegend zu errichten. Und in der Tat ist es eine beeindruckende Stelle mit herrlichem Ausblick, an der die Kirche steht. Ein Rastplatz beim großen Kreuz vor der Kirche lädt zum Verweilen ein.

Vom Parkplatz bei der Kirche folgen wir weiter der Riederinger Rundn. Nach Unterquerung der Hauptstraße halten wir uns links und rollen entlang der Straße bergab. Wir biegen rechts ab nach Pietzing und fahren auf der Fellbachstraße durch den Ort bis zum Kiosk am Badeplatz Pietzing. Zusätzlich zum Imbiss gibt es auch eine sehr große Liegewiese. Vom großen Parkplatz radeln wir zur Hauptstraße. Unmittelbar vor dieser führt der Simssee-Rundweg nach rechts. Bald erreichen wir die Zufahrt zum Seewirt Ecking (Mi–Mo 10–24 Uhr, www.seewirt.de) mit Badeplatz und Bootsverleih. Erneut halten wir uns Richtung Hauptstraße und wenige Meter vor ihr nach rechts in den Simssee-Rundweg. Der gut beschilderte Radrundweg verläuft bis Schlierholz mit Abstand zur Straße, dort folgt er ihr für wenige Meter. Nach einer Brücke geht es nach rechts auf einen breiten Schotterweg. Wir radeln um das Südufer des Simssees und treffen beim Gasthof Gocklwirt (Do 17–24 Uhr, Fr–So u. Feiertage 12–24 Uhr, www.gocklwirt.de), wo wir die größte Kunstuhr der Welt bestaunen, auf die Eisenbahn. Wir folgen den Radwegbeschilderungen Richtung Krottenmühl entlang der Gleise und gelangen nach einer Rechtskurve zum Badeplatz Baierbach.

St2360
St2095
Prutting
Ullerting
Altstein
Salmering
Langhausen
Haidham
Rotterstetten
Inzenham
Edling
Simssee
Thalkirchner Achen
Baierbach
Sonnenholz
Südufer des Simssees
Beuerberg
RO16
Ecking
Angerbach
Alte Sims
Sims
Rothbach
Schliersbach
Wieden
Neukirchen
0
1 km

Eichen am Simssee
Antwarter Achen
Thalkirchner Erlenwald
Thalkirchner Erlenwald
enmühl
Achendelta
Moos
Pfeilergraben
Thalkirchner Achen
Thalkirchen
Pfeil
Hirnsberg
Stauden
Letten
Kreuzbichl
RO16
Hofgraben
Asbichl
Holzen
Kronlohe
Achthal
Dograben
Labenbach
Labenbach
Irnkam
Unterachthal
Ulperting
Schralling
Grenzgraben
RO22
Großbach
Moosen
RO16
Großbach
Pietzenkirchen
Fellbach
Stadl
RO33
Pietzenberg
Ackersdorf
RO30
mühle
RO30
Anisag
Mangolding
Obermühl
Ofenwinklbach
Fellbach
orf
Staudenkistler
Fellbach
Mühlham
Fellbach
RO33
Rögling

Die schönsten Kilometer ab

24 PRIEN AM CHIEMSEE

Start/Ziel

PRIEN A. CHIEMSEE

Rundtour

27 Kilometer

240 Höhenmeter

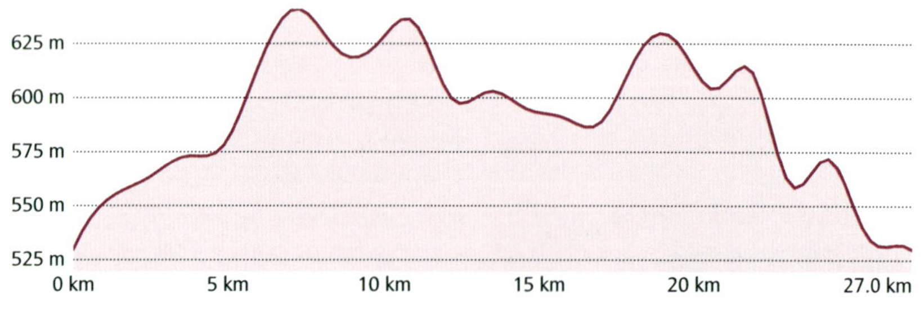

Ein Wahrzeichen des Chiemgaus: Die 1.669 m hohe Kampenwand.

Zwischen Aschau im Chiemgau und Prien am Chiemsee schuf der Gebirgsfluss Prien eines der malerischsten Täler des Chiemgauer Alpenvorlands. Von den Höhen überm Priental bieten sich fantastische Ausblicke auf die Berge. Unser Ziel Aschau „is a Schau“!

Diese Tour verbindet Natur und Genuss. Sie eignet sich als längere Feierabendtour ebenso wie als kürzere Tagestour. Mit Kindern kann sie leicht als Vorlage für ein tagesfüllendes Programm dienen. Für Fahrradanhänger ist es keine ideale Strecke.

Prien ist die heimliche Hauptstadt des Chiemsees, was sicherlich an der Nähe zum Hafen Stock liegt. Von dort verkehren die Schiffe der Chiemsee Schifffahrt zur Herreninsel mit dem berühmten Königsschloss und weiter zur Fraueninsel. Im Sommer gibt es auch größere Seerundfahrten. Der hübsche Ortskern Priens mit zahlreichen Läden, Cafés und Restaurants leidet jedoch unter starkem Autoverkehr. Die Parkmöglichkeiten sind begrenzt, daher empfiehlt sich die Anreise mit der Bahn. Wir radeln am Bahnhof Prien los und fahren am Kreisverkehr Richtung Ortsmitte. Ein Blick in die barocke Pfarrkirche Mariä Himmelfahrt lohnt sich. Die Deckenfresken von Johann Baptist Zimmermann sind die bekannteste Ausstattung des Gotteshauses. Der berühmte Maler und Stuckateur schuf sie unter Mithilfe zweier seiner Söhne. Ebenfalls sehenswert ist

Highlights
am Wegesrand

Km 13,1
Der Kirchplatz Aschau bildet das alte Zentrum des Ortes – das neue erstreckt sich entlang der Bahnhofstraße beinahe bis zum Schloss Hohenaschau. Den Platz überragt die Kirche Mariä Lichtmess mit ihren markanten Doppeltürmen. Die Häuser ringsum, darunter die Residenz Heinz Winkler, bilden ein fotogenes Ensemble.

3
Michelin-Sterne führte das Münchner Restaurant „Tantris“ unter der Leitung von Heinz Winkler, und das zehn Jahre lang. Nach seiner Zeit in der Großstadt erfüllte sich der in Südtirol geborene Winkler einen Traum und eröffnete seine Residenz in Aschau. Inzwischen ist sein Sohn Restaurantleiter. Food-Touristen aus aller Welt speisen dort nicht nur erstklassig – die Residenz bietet auch Übernachtungen in gehobenem Ambiente an.

622 m
Höhe überwindet die Prien auf einer Länge von 45,7 km. Sie entspringt bei Erl in Tirol und mündet bei Prien in den Chiemsee (siehe Tagestour 18). Im klaren Gebirgsfluss leben Hechte, Forellen und andere Fische, in den Prallhängen der Mäander brüten Eisvögel.

der Hauptaltar aus Untersberger Marmor. Neben der Pfarrkirche steht die 1500 errichtete Taufkapelle St. Johannes.

Vom Marktplatz radeln wir auf der Alten Rathausstraße westwärts bis zur Brücke über die Prien. An der Kreuzung vor der Brücke, bei der Galerie Wichmann, biegen wir links in die Beilhackstraße ab. Achtung: Nicht geradeaus an der Prien entlangfahren! Wir folgen der Markierung des Priental-Radwegs und den Schildern nach Aschau. Vorbei an den Weilern Griebling und Leiten erreichen wir eine Straßenkreuzung, an der ein großes Feldkreuz steht. Auf unserem Rückweg werden wir erneut auf diese Kreuzung treffen. Jetzt biegen wir links ab Richtung Hoherting (Radwegbeschilderung: Urschalling). In Hoherting folgen wir der Radwegmarkierung nach rechts. Am Haltepunkt Urschalling der

Heiliger Ort für Gourmets: Die Residenz Heinz Winkler in Aschau.

Bahnstrecke Prien–Aschau überqueren wir die Gleise und fahren sofort rechts. In Schmiedling folgen wir dem Zeichen Von Baum zu Baum nach links. Wir strampeln durch ein Wäldchen bergan und kommen bald nach Hittenkirchen, wo wir dem Salinen-Radweg bis zur Bartholomäuskirche nachfahren. Beim Landgasthof Hittenkirchen biegen wir rechts ab in die Hittostraße und an deren Ende fahren wir links. So kommen wir zum großartigen Chiemseeblick bei der Kriegergedächtniskapelle Hittenkirchen.

Gleich hinterm Parkplatz geht es nach links. An der Kreuzung hinter Heroldsöd bietet sich erneut ein großartiger Ausblick auf das Bayerische Meer, dort fahren wir rechts und folgen dem Salinen-Radweg. Hinter Kothöd eröffnet sich ein weiteres Panorama – dieses Mal in Richtung Prientaler Berge. Wir erkennen das Schloss Hohenaschau, an dem die Wochenendtour 19 vorbeiführt. „Davor“ liegt der Ort Aschau. Die fabelhafte Panoramafahrt wird nur vom Geräuschpegel der immer näherrückenden Autobahn A 8 getrübt. Achtgegeben: Beim Straßenabzweig nach Hötzing und Gröben führt der Salinen-Radweg links – wir radeln jedoch geradeaus weiter auf dem Radweg Von Baum zu Baum, überqueren hinter Pfaffing die A 8 und halten uns sofort rechts. Direkt vor der Autobahnunterführung biegen wir links ab nach Höhenberg. Auf breitem Schotterweg geht es südwärts, wir lassen die lärmende Autobahn allmählich hinter uns und erreichen bei Höhenberg wieder Asphalt. Wir kommen zum Café Pauli (Ende März–Anf. Nov. Mi–Mo,

Das Bayerische Meer unter uns: Ausblick auf den Chiemsee bei Hittenkirchen.

im Winter zumeist nur am Wochenende, www.cafe-pauli.de). Das Restaurant und Café mit großer Aussichtsterrasse ist ein beliebtes Familienausflugsziel. Es gibt einen kleinen Tierpark und einen schönen Kinderspielplatz, außerdem kann man eine Dampfmaschine und Kettenräder aus dem Zweiten Weltkrieg besichtigen.

Vorbei am Moorbad radeln wir schnurstracks auf Aschau zu. Die Radwegmarkierungen Von Baum zu Baum leiten uns sicher zum Kreisverkehr, den eine ausgediente Gondel der Kampenwand-Seilbahn ziert. Sobald wir den Kreisverkehr an der ersten Ausfahrt verlassen und die Prien überquert haben, biegen wir links in den Kirchberg ein und kommen zum pittoresken Kirchplatz Aschau mit der Kirche Mariä Lichtmess. Sie wurde Ende des 12. Jh. erstmals erwähnt und im 15. sowie 18. Jh. erweitert. Die heutige Innenausstattung stammt aus dem Barock und Rokoko. Gleich neben der Doppelturmkirche strahlen seit etlichen Jahren die Sterne der Residenz Heinz Winker über Aschau. Das Restaurant des berühmten Sternekochs ist sicherlich keine typische Einkehrempfehlung für Biker. Als ich daran vorbeikam,

stand „Imperial Kaviar mit Kartoffelschnee" (95 €) als Vorspeise auf der Tageskarte, als Zwischengänge gab es unter anderem „Irische Austern in Champagnersauce" (32 €). Zwei Personen durften sich als Hauptgang einen „Loup de Mer in der Salzkruste" (95 €) oder „Kobe Beef aus Japan mit Pfeffersauce" (160 €) teilen. Hinterher gab's noch eine „Käseauswahl vom Wagen" (35 Euro), „Crêpes in Grand-Marnier-Schaum" (26 €) oder einen „Pochierten Weinbergpfirsich mit Himbeere" (25 €). Wenn du jetzt Appetit bekommen hast, kannst du natürlich auch einen Abstecher ins Ortszentrum von Aschau machen – dort gibt es andere Restaurants, Cafés und eine Eisdiele.

Vom Kirchplatz rollen wir hinunter zur Hauptstraße und folgen beinahe geradeaus dem Priental-Radweg. Er führt aus Prien hinaus bis zur Marienkapelle, einer gepflegten Wegkapelle an der Brücke über die Prien, und danach längere Zeit am rechten Flussufer entlang. Wir unterqueren die A 8, verlassen das Priental hinauf nach Leitenberg und rollen auf dem Priental-Radweg hinab nach Dösdorf. Durch einen Wald führt der weiterhin gut beschilderte Weg zur Eisenbahnstrecke Prien–Aschau und an ihr entlang bis zum Haltepunkt Vachendorf. Dort biegen wir links ab, fahren an Vachendorf vorbei nach Bauernberg und erreichen wieder das große Feldkreuz. Wir biegen links ab Richtung Bachham und radeln auf der Hauptstraße durch den Ort. Wo der Radweg Von Baum zu Baum in die Greimhartinger Straße abzweigt, bleiben wir auf der Hauptstraße. Bei einem Holzbushäuschen in Siggenham verlassen wir sie und biegen rechts ab in den Bachweg Richtung „E-Werk". Dort überqueren wir die Prien und radeln nach links. Nach einer weiteren Brücke erreichen wir das traditionelle Gasthaus Schützenwirt (Do–Mo 11:30–22 Uhr, www.schuetzenwirt-prien.de). Schließlich fahren wir über eine Holzbrücke und folgen der Prien bis zur Kreuzung an der Brücke. Durch den Ort geht es zurück zum Bahnhof Prien.

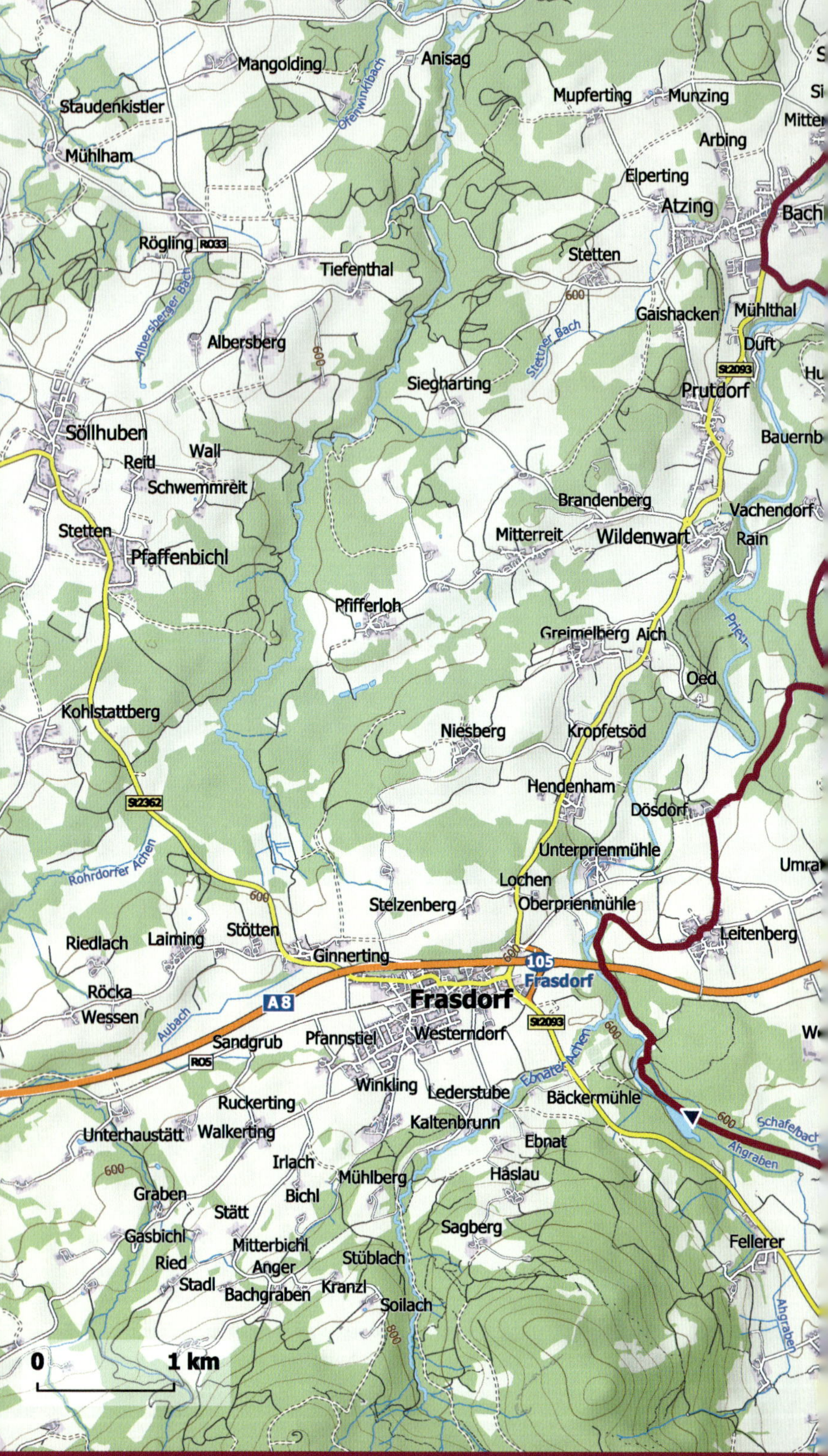
Mangolding
Anisag
Staudenkistler
Ofenwinkelbach
Mupferting
Munzing
Arbing
Mühlham
Elperting
Atzing
Bach
Rögling
R033
Tiefenthal
Stetten
Albersberger Bach
600
Gaishacken
Mühlthal
Albersberg
Stettner Bach
Duft
Siegharting
St2093
Prutdorf
Söllhuben
Bauernb
Reitl
Wall
Schwemmreit
Brandenberg
Vachendorf
Stetten
Mitterreit
Wildenwart
Rain
Pfaffenbichl
Pfifferloh
Prien
Greimelberg
Aich
Oed
Kohlstattberg
Niesberg
Kropfetsöd
Hendenham
St2362
Dösdorf
Unterprienmühle
Rohrdorfer Achen
Lochen
Stelzenberg
Oberprienmühle
Riedlach
Laiming
Stötten
Ginnerting
Leitenberg
105
Frasdorf
Röcka
Wessen
A8
Frasdorf
Aubach
Sandgrub
Pfannstiel
Westerndorf
St2093
R05
Winkling
Lederstube
Bäckermühle
Ruckerting
Eßnater Achen
Schafelbach
Unterhaustätt
Walkerting
Kaltenbrunn
Ebnat
Angraben
Irlach
Häslau
Graben
Bichl
Mühlberg
Stätt
Sagberg
Gasbichl
Mitterbichl
Fellerer
Ried
Anger
Stüblach
Stadl
Bachgraben
Kranzl
Soilach
Angraben
800
0
1 km

PRIEN AM CHIEMSEE
Herreninsel
Chiemsee
Mühlbach
Au
Trautersdorf
Harras
HARRAS
Bach
Prien
Griebinger-Bach
Reitbach
Hoherting
Leiten
Urschalling
Egerndorf
Schöllkopf
Kumpfmühle
Schmieding
Mailing
Harlach
Irgarting
Weisham
FELDEN
Felden
EICHET
Moosbach
A 8
Hittenkirchen
Hittenkirchen-Gröben
Steinbach
Wiedendorf
IRSCHEN
Heroldsöd
Moos
Kothöd
Bernau am Chiemsee
Bichling
Wilhelming
Bernauer Achen
Hitzelsberg
Bernauer Bach
WESTERHAM
Hötzing
Gröben
Pfaffing
Bergamer Bach
Reitham
Gattern
Schauergraben
Stötten
Bergham
Osterham
Spöck
Göttersberg
Reit
Stucka
Bärnsee
Außerkoy
Abling
Aufing
Wiesen
Schleipfen
Hafenstein
Höhenberg
Bucha
Vordergschwendt
Hintergschwendt
Innerkoy
Haindorf

Die schönsten Kilometer ab

25 TITTMONING

Start/Ziel

MARKTPLATZ TITTMONING

Rundtour

52,2 Kilometer

170 Höhenmeter

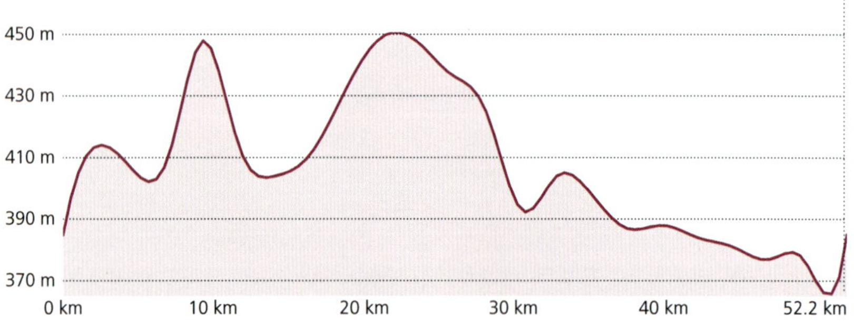

Panorama der historischen Stadt Laufen, Blick vom österreichischen Ufer auf die deutsche Stadt.

Wir erleben die schicken Städte Tittmoning und Laufen, besuchen die Nachbarn in Österreich und radeln an dem Fluss entlang, der die Region prägte: die Salzach. Durch den jahrhundertelangen Salzhandel entstanden bemerkenswerte Kulturdenkmäler.

Zweifelsfrei eine Tagestour. Der Besuch der Städte Tittmoning, Laufen und Oberndorf steht im Mittelpunkt. Wir sollten aber auch etwas Zeit für den Abtsdorfer See einplanen. Für Kinder ist die Strecke zu lang.

„Tief im Westen ist es besser, als man glaubt", singt Herbert Grönemeyer in seinem Lied „Bochum". Tief im Osten Oberbayerns sowieso – das merken wir schon am Start dieser Tour auf dem wunderschönen Marktplatz Tittmoning. Er zeigt die für die Salzachstädte typische Bebauung. Blendfassaden erzeugen ein besonders harmonisches Stadtbild: Hinter den hohen Giebeln der barocken und klassizistischen Häuser versteckt sich allerdings meist nur Luft. Das kann man besonders gut von oben erkennen, zum Beispiel von der 1234 erstmals erwähnten Burg aus, die sich über der Stadt erhebt. Ein besonders sehenswertes Gebäude am Markt ist das im 15. Jh. erbaute Rathaus mit seiner Prunkfassade aus dem 17. Jh. In den Nischen stehen nach italienischem Vorbild goldgefasste Porträtbüsten römischer Herrscher. Auf dem Marktplatz sehenswert sind außerdem der

Von der Burg Tittmoning überblicken wir die Stadt und die Landschaft.

Floriansbrunnen aus dem 18. Jh., die Mariensäule sowie eine Statue des heiligen Johann von Nepomuk. Die Form des Platzes ist einzigartig. Er ist 300 m lang und trapezförmig: Am südlichen Laufener Tor ist der Markt 30 Meter breit, am nördlichen Burghausener Tor 120 Meter. Der motorisierte Zugang zum Marktplatz ist bis heute nur durch die beiden Tore möglich.

Wir verlassen den Marktplatz an der schmalen Seite durch das Laufener Tor und fahren vor der Friedhofsmauer rechts in die Traunsteiner Straße. Hinterm Sportplatz halten wir uns links und folgen den Radwegschildern Richtung Trostberg und Waging (Bahnhof). Nach hinten bietet sich ein schöner Blick auf Stadt und Burg. Wir radeln an einem Gewerbegebiet entlang und dann rechts bergan Richtung Kay. Bei einem gusseisernen Feldkreuz halten wir uns links und folgen weiter den Wegweisern nach Waging (Bahnhof). So fahren wir durch Gramsam, Mayerhofen und Holzhausen und kommen zur sehenswerten, um 1500 erbauten Filialkirche St. Nikolaus im Weiler Hof. Leider ist sie meist verschlossen, doch links am Turm gibt es ein Fenster, durch das man einen Blick riskieren kann.

Wir bleiben noch ein Stück auf der Route nach Waging. Nach Querung eines Baches biegen wir links ab in den Benediktweg nach „Bf. Götzing 4,9 km“. Vor Harmoning überqueren wir die Eisenbahngleise, nach dem Ort geht es bei einem Rettungstreffpunkt nach links („Bf. Götzing 3,0 km“). Hinter Gierling fahren wir unter der Eisenbahn hindurch und folgen ihr

Highlights
am Wegesrand

Km 29
Die Geschichte der Altstadt Laufen ist untrennbar mit der Salzschifffahrt verbunden. Das in Bad Reichenhall und Hallein abgebaute Salz wurde jahrhundertelang auf der Salzach transportiert – bis zur Donau und weiter. Auf dem Rückweg brachten die Schiffe Getreide, Wein und andere wertvolle Güter mit. Aufgrund der Flussschlaufe und eines Felsens, der bis ins 17. Jh. im Fluss stand, mussten in Laufen viele Schiffe umgeladen werden – die Stadt wurde ein großer Handelsplatz.

Km 25,4
Der Abtsdorfer See, den Einheimische einfach Abtsee nennen, ist ein wunderschön gelegener Moor-Badesee inmitten eines Landschaftsschutzgebiets. Durch seine dunkle Farbe, die durch das umgebende Moor entsteht, erwärmt sich der Abtsee sehr schnell. Er gilt als einer der wärmsten Badeseen Oberbayerns.

24.12.1818
An diesem Tag soll in der ehemaligen St.-Nikolaus-Kirche zu Oberndorf an der Salzach zum ersten Mal das berühmteste aller Weihnachtslieder gesungen worden sein. Anstelle der Kirche steht heute die Stille-Nacht-Kapelle und erinnert an das große Werk des Priesters und Dichters Joseph Franz Mohr.

bis zum Bahnhof Götzing und weiter bis zum Vorfahrtsschild, an dem wir zuerst links und sofort rechts nach „Kirchanschöring 4 km“ (Straßenschild) abbiegen. Damit haben wir den Radweg verlassen und radeln auf einer wenig frequentierten Landstraße. Bei einer Bushaltestelle geht es links nach Neunteufeln. Wir passieren ein Betriebsgelände und einen Bach, fahren leicht bergan und halten uns hinter Karlachöd Richtung Breitwies. Damit befinden wir uns auf dem Radweg Salzhandelsweg, der in dieser Gegend leider unzureichend beschildert ist. Wir ignorieren alle Abzweige und fahren stets geradeaus – die Wanderwegmarkierung K5 hilft bei der Orientie-

Seitenwechsel: Über die historische Salzachbrücke fahren wir von Laufen nach Oberndorf im Salzburger Land.

rung. Vor der Bannmühle, beim Schild „Mühlenstraße“, biegen wir links ab und fahren zu einer breiteren Straße. Auf dem Straßenradweg geht es nach rechts, beim Opel-Autohaus zweigen wir links ab. Nach Kirchanschöring orientieren wir uns wieder an Radwegschildern: „Bf. Laufen 8,4 km“ ist unsere Richtung. So erreichen wir den Weiler Hof mit dem kleinen Bauernhofmuseum (Juni–Aug. Mi–Sa 12–16 Uhr, für Gruppen ab 20 Personen auch nach Vereinbarung).

Von Hof sind es auf dem Salzhandelsweg laut Schildern 7,3 km bis zum Bahnhof Laufen. Wir machen jedoch noch einen Abstecher zum Abtsdorfer See. Im malerisch vor der Alpenkulisse gelegenen Leobendorf folgen wir am ersten Vorfahrtsschild der Radwegmarkierung nach links. Beim zweiten Vorfahrtsschild nutzen wir den Straßenradweg nach rechts und kurz darauf halten wir uns links zum Abtsee. Eine kleine Badestelle gibt es beim Restaurant Seeterrasse. Weiter ostwärts erreichen wir das große Freizeitgelände des Landkreises Berchtesgadener Land, über den Parkplatz gelangen wir ans Seeufer.

Nach einem erfrischenden Bad sind wir fit für den Besuch der Laufener Altstadt. Wir folgen der Straße über Oberheining nach Laufen – außer im Ort gibt es immer einen Straßenradweg. In Laufen fahren wir unter der Eisenbahnstrecke hindurch, beim Vorfahrtsschild rechts

und bis zur Bundesstraße B 20. Sie führt uns bis vors Obere Stadttor, durch das wir in die Altstadt von Laufen kommen. Für einen ausführlichen Stadtrundgang solltenwir das Rad an einer sicheren Stelle abschließen. Die Altstadt liegt vollständig auf einer von der Salzach umflossenen Halbinsel. Steile Gassen und Treppenwege führen hinunter zum Fluss. Bei Niedrigwasser kann man auf den Kiesbänken an der Spitze der Halbinsel spazieren und die vielen verschiedenen Steine bewundern, die durch Gletschereis und Fluss dahin verfrachtet wurden. Unbedingt sehenswert ist die Stiftskirche „Zu unserer Lieben Frau“. Das älteste Gotteshaus der Stadt war eine herzogliche Eigenkirche des Erzherzogs Gerfried von Melk an der Donau.

Nach unserem Stadtrundgang verlassen wir Laufen und radeln über die historische Länderbrücke nach Oberndorf. Sie wurde 1901–1903 während der Herrschaft von Kaiser Franz Joseph I. und Prinzregent Luitpold von Bayern erbaut. Die Wappen und Verzierungen an der Brücke kann man als eine Machtdemonstration beider Herrscher deuten. Am Salzburger Brückenende halten wir uns links und rollen bequem auf dem Hochwasserschutzdamm die Flussschleife entlang. Ungefähr am nördlichsten Ende der Schlaufe nach etwa 600 m Fahrt führt rechts ein Treppenweg zum Stille-Nacht-Platz mit der berühmten Stille-Nacht-Kapelle. Wenn du mehr über die Geschichte des Lieds und der Region wissen willst, besuchst du am besten das Stille-Nacht-Museum (www.stillenacht-oberndorf.com), das gleich ums Eck liegt.

Kurz darauf, wo der 2006 errichtete Europasteg auf den Flussradweg trifft, können wir die Treppen hinauf zur Kalvarienbergkapelle mit schöner Aussicht auf Laufen erklimmen. Wir verlassen Oberndorf bei der historischen Schifferkapelle. Es folgt eine lange, aber einfache Fahrt entlang der Salzach: Der Tauernradweg führt immer am Fluss dahin. Nach etwa 22,5 km erreichen wir die Salzachbrücke bei Tittmoning, überqueren den Fluss und radeln an der Hauptstraßenkreuzung links auf den Marktplatz Tittmoning.

TITTMONING
Ostermiething
Kay
Kirchheim
B20
Salzach
Riedersbach
Götzinger Achen
Wiesmühl
Pietling
Törring
Fridolfing
Tengling
Burg
Götzing
Tachinger See
Taching am See
Tettenhausen
Kirchanschöring
Lampoding
Fisching
WAGING AM SEE
Waginger See
Gaden
0
2 km

Holzöstersee
Franking
Haigermoos
INNVIERTEL
Moosdorf
OBERÖSTERREICH
SALZBURG
B156
Höllerersee
Moosache
Sankt Pantaleon
Wildshut
Pladenbach
Lamprechtshausen
Au
Sankt Georgen bei Salzburg
Bürmoos
Untereching
Obereching
B156
Niederarnsdorf
Arnsdorf
Reinberg
Bulharting
Vollern
ÖSTERREICH
DEUTSCHLAND
Höfener Stausee
Göming
B20
Dreimühlen
B156a
LAUFEN (SALZACH)
OBERNDORF BEI SALZBURG
B156
Weitwörth
Leobendorf
Oberheining
Salzach
Angelteich Pabingersee

Blick auf den Schliersee mit Booten.

Die Route für unterwegs

GPS-Daten zum Downloaden

Du planst und navigierst lieber digital? Für das Navigationsgerät deiner Wahl haben wir alle Touren auf unserer Webseite für dich.

www.kompass.de/gps

Damit kommst du direkt zum Download-Bereich. Einfach das richtige Produkt auswählen, herunterladen und auf das Zielgerät oder in die gewünschte App importieren.

GPX-Track

GPX ist ein Datenformat für Geodaten. Mit einem GPX-Track bekommst du die rote Linie, also den Pfad, als geografische Koordinaten.

KOMPASS Radreiseführer – der perfekte Begleiter.

Weitere Fahrradführer

Lust auf eine Fahrrad-Reise bekommen ?

Viele der vorgestellten Touren führen teilweise über Fahrradfernwege. Diese führen entlang von Flüssen, der Küste oder rund um Seen. Wenn du jetzt Lust auf mehr bekommen hast, dann ist so eine Tour vermutlich genau das Richtige für dich. Wir haben natürlich genau die richtigen Führer für dich als Begleitung. In unseren Radreiseführern zeigen wir dir neben der Strecke, was es alles entlang des Weges zu entdecken gibt. Egal, ob gemächlich mit dem Flussverlauf oder ambitioniert über die Alpen – es gibt für jedes Level die richtige Route. Natürlich auch für alle, bei denen der Motor etwas mithilft und so mehr Energie für die Aussicht bleibt.

Unser
Autorenteam

Zwischen der Nordsee und den Bayerischen Alpen besteht ein Radwegenetz mit einer Gesamtlänge von rund 75.000 Kilometern. Keine Frage also, dass eine Präsentation der schönsten Fahrradrouten Deutschlands nur im Teamwork möglich ist. Verlag und Redaktion danken jenen Damen und Herren, die Oberbayern mit dem Fahrrad erkundet und beschrieben haben, sehr herzlich für die gute Zusammenarbeit. Ohne ihr Wissen und ihre Erfahrung wäre die Realisierung des vorliegenden Werkes nicht möglich gewesen!

- Sven Hähle
- Ralf Enke

Impressum

1. Auflage 2024 Verlagsnummer 6034 ISBN 978-3-99154-126-4

Titelbild: Spaß am Radfahren (© Uwe - stock.adobe.com)
Cover Rückseite: Wanderweg am Kanal (© Friedberg - stock.adobe.com)
Projektleitung: Jeff Reding
Grafische Herstellung und Kartenausschnitte: © KOMPASS-Karten GmbH
Kartenausschnitte: © KOMPASS-Karten GmbH unter Verwendung
OpenStreetMap Contributors (www.openstreetmap.org)

Bildnachweis: S. 12 © Martha Frei; S. 14 © manfredxy - stock.adobe.com; S. 16 © Deutsches Hopfenmuseum; S. 20 © Rolandst - stock.adobe.com; S. 22 © Bayerische Staatsbrauerei Weihenstephan; S. 24 © Flughafen Muenchen GmbH; S. 28 Ina Ludwig - stock.adobe.com; S. 30 © Stadt Dachau; S. 32 © Seeseits; S. 36 Zvonimir - stock.adobe.com; S. 38 © München Tourismus, Werner Boehm; S. 40 © München Tourismus, Sigi Mueller; S. 42 © Harald Süpfle; S. 46 © Bayerische Schlösserverwaltung; S. 48 © München Tourismus, Tommy Loesch; S. 50 © Bayerische Schlösserverwaltung; S. 54 Flo Reindl - stock.adobe.com; S. 56 © München Tourismus; S. 58 © Gut Keferloh; S. 64 © A.Rochau - stock.adobe.com; S. 60 © StadtFFB; S. 62, 66, 70, 74, 82, 84, 92, ©Ralf Enke; S. 64 © Martha Frei; S. 72 © ThomBal - stock.adobe.com; S. 68 © Bräustüberl Schloss Seefeld; S. 72 © Sina Ettmer - stock.adobe.com; S. 80 © Andrea Weber; S. 88 © Sir Boris; S. 90 © GFreihalter; S, 92 © BergTierPark; S. 96 © Wurzelwerk-de; S. 98 © WildMedia - stock.adobe.com; S. 102 © Stadt Ebersberg; S. 104 © makoze - stock.adobe.com; S. 43, 106, 108, 110, 114, 116, 118, 124, 126, 132, 134, 140, 142, 148, 150, 154, 156, 158, 162, 164, 166, 172, 174, , 180, 182, 186, 190, 194, 196, 204, 205, 206 © Sven Hähle; S. 122 © Martin Erdniss - stock.adobe.com; S. 130 © florentina.p - stock.adobe.com; S. 136 © imageBROKER; S. 146 © frangipani.s - stock.adobe.com; S.156, 202 © modernmovie - stock.adobe.com; S. 170 © Helmut - stock.adobe.com; S. 178 © BENJAMIN - stock.adobe.com; S. 194 © mw-luftbild.de - stock.adobe.com; S. 138, 198 © mauritius images; S. 202 © 1stGallery - stock.adobe.com; S. 210 © Thomas Kraus - stock.adobe.com; S. 210 © designnatures - stock.adobe.com; S. 212 © carinthian - stock.adobe.com; S. 214 © mojolo - stock.adobe.com; S.218 © Jürgen Fälchle - stock.adobe.com

Alle Angaben und Routenbeschreibungen wurden nach bestem Wissen gemäß unserer derzeitigen Informationslage gemacht. Die Tourenvorschläge wurden sehr sorgfältig ausgewählt und beschrieben, Schwierigkeiten werden im Text kurz angegeben. Es können jedoch Änderungen an Wegen und im aktuellen Naturzustand eintreten. Radfahrer und alle Kartenbenützer müssen darauf achten, dass aufgrund ständiger Veränderungen die Wegzustände bezüglich Befahrbarkeit sich nicht mit den Angaben in der Karte decken müssen. Bei der großen Fülle des bearbeiteten Materials sind daher vereinzelte Fehler und Unstimmigkeiten nicht vermeidbar. Die Verwendung dieses Fahrradbuches erfolgt ausschließlich auf eigenes Risiko und auf eigene Gefahr, somit eigenverantwortlich. Eine Haftung für etwaige Unfälle oder Schäden jeder Art wird daher nicht übernommen. Für Berichtigungen und Verbesserungsvorschläge ist die Redaktion stets dankbar. Korrekturhinweise bitte an folgende Anschrift:

KOMPASS-Karten GmbH
Karl-Kapferer-Straße 5, A-6020 Innsbruck
www.kompass.de/service/kontakt